思
问
siwen

爱智·包容·笃行

拯救自然

亚里士多德自然观研究

徐开来 著

思问文库
编委会

四川大学哲学系

陈志远	郭立东
韩 刚	韩 媚
黄路苹	李 裴
刘 娟	史冰川
熊 林	杨顺利
余 玥	

目 录

前言   1

第一章 绪论：拯救现象与拯救自然   1

第一节 "自然"的词源含义   5
第二节 希腊人自然观的特点   11
第三节 希腊哲人的任务：拯救现象   15
第四节 从拯救现象到拯救自然   24

第二章 众说纷纭话自然   27

第一节 神化自然   30
第二节 物化自然   40
第三节 二重化自然   61

第三章 批判与建设   77

第一节 对前人自然观的批判   80
第二节 科学与哲学   88

第三节　神学与自然学　　　　　　　　　　　　98

第四章　重识"自然"　　　　　　　　　　　107

第一节　《形而上学》中的"自然"　　　　　110
第二节　《物理学》中的"自然"　　　　　　116
第三节　与"自然"有关的几个术语　　　　　131

第五章　自然所为论　　　　　　　　　　　143

第一节　为什么自然有"所为"　　　　　　　146
第二节　自然如何有所为　　　　　　　　　　153
第三节　自然所为什么　　　　　　　　　　　158
第四节　自然所为论的意义　　　　　　　　　168

第六章　自然动因论　　　　　　　　　　　171

第一节　运动的定义和种类　　　　　　　　　175
第二节　自然是动因　　　　　　　　　　　　184
第三节　自然动因论的意义　　　　　　　　　190

第七章　自然实体论　　　　　　　　　　　195

第一节　什么是实体　　　　　　　　　　　　198
第二节　为什么自然是实体　　　　　　　　　209
第三节　自然是何种实体　　　　　　　　　　214

第四节　自然实体论的意义　　　　　　　　　　220

第八章　亚里士多德自然观的历史命运　　　225
第一节　误用亚里士多德——古代的神秘自然观　　228
第二节　抛弃亚里士多德——近代的机械自然观　　233
第三节　重识亚里士多德——从有机自然观到系统自然观　239

结　语　反思亚里士多德——生态学的启示　　247
主要参考书目　　　　　　　　　　　　　　　257
后　记　　　　　　　　　　　　　　　　　263
再版后记　　　　　　　　　　　　　　　　269

前 言

著作大多有"前言",而"前言"大多是五花八门的。我所理解的著作"前言",是在正文的前面先写上一些不便在正文中述说但又不能不述说的、与著作本身内容密切相关的重要话语,以便把作者个人的某些想法、思路乃至其他东西提前向读者朋友作出交待。

按照自己的这一理解,我在这篇"前言"中,将着重谈两个问题:本书的写作意图,本书的角度及结构。

一 关于本书的写作意图

作为国家哲学社会科学基金项目的最终成果,本书的写作意图主要有三个,一是纯学理上的考虑,二是对现实的关注,三是纯粹个人的原因。

首先是学理上的考虑。

毫无疑问,古希腊哲学的自然观,尤其是亚里士多德哲学的自然观,无论从哪种意义上讲,都是值得学术界加以认真研究的。但遗憾的是,由于种种原因,这方面的研究实际上还显得非常薄弱。虽然人们(尤其是西方学术界)对古代希腊哲学和亚里士多德哲学的研究兴趣持续不衰,出版的各种论著也可谓汗牛充栋,但专门而又系统研究自然观的,比较而言却不多见。很多人的视点，要么集中在全景式的总体研究，要么是对某个人、某个派别作全面研究，即使是对某方面思想进行专题式研究，兴趣也更多地集中在本体论、知识论、宇宙论或道德哲学、政治哲学、宗教哲学等方面。也有一些学者研究希腊和亚里士多德的自然观，但主要是服务于研究自然哲学或自然观念的发展历史和基本理论，只是作为思想背景或发展环节来处理，因而往往几笔带过，缺乏必要的广度和深度。国内的研究状况相对来说更加薄弱一些，迄今为止，不仅没有一本希腊和亚里士多德自然哲学的专著（2003年由人民出版社出版的汪子嵩等先生所著的《希腊哲学史》第三卷，确实是一部在我看来研究资料丰富、学术水平很高的著作，但由于著者设定的目标是全面研究亚里士多德思想及其学派的，自然哲学只是其中的一部分，所以，不能算是严格意义上专门研究自然哲学的著作），连真正有价值的学术论文也少得可怜。近几年来，情况有所好转。随着世界范围内人们对人与自然关系等问题的重新思考，国内一部分学者开始了对于西方自然哲学史的学习和研究，并涉猎希腊时代的一些问题，虽然还没见到专门的研究成果。基于上述理由和研究状况，笔者不揣冒昧，意欲以亚里士多德自然观为主题并兼及前人和整个西方自然观的历史发展，试图弥补这个薄弱的甚至空白的研究环节。

希腊哲学作为西方哲学的发源地，人物众多，派别林立，内容包罗万象，观点五花八门。正如恩格斯所说，"在希腊哲学的多种多样的形式中，差不多可以找到以后各种观点的胚胎、萌芽"①。这种状况，又为后人清理研究这笔宝贵的精神财富提供了多视角的足够客观空间。自从黑格尔将哲学史变成"科学"而不再是古人厮杀的尸体堆积和展览馆的蜡像陈列之后，近两百年来，人们尝试着从多种不同的角度和主线去研究透视希腊哲学。在国内，以前一直是从唯物论和唯心论、辩证法和形而上学、反映论和先验论、可知论和不可知论等角度去排列站队，虽然不乏合理成分，但标签化、简单化的痕迹太重，已逐步被学术界淡化。近二十年来，学者们尝试过多种研究角度，如范畴（概念）发展史、本体论（形而上学）演化史、问题研究史等等，也确实取得了一些前所未有的积极研究成果。但是，或许是人们偏爱本体论和知识论（后来又有不少人热衷于伦理学和政治学），或认为自然观无多大重要性的缘故，竟然无人从自然观发展史的角度去透视希腊哲学。

其实，依笔者愚见，自然观在整个希腊哲学发展过程中始终处于基础性的中心地位，只不过由于我们今天所理解的自然与他们有很大差别，不少内容被我们先望文生义地简单排除在外，后不予重视而已。后面我们将会陆续看到，phusis（自然、本性）是贯穿整个希腊哲学的核心概念之一，虽然人们在讨论 phusis 时，有的侧重"本原"意义，有的侧重"本性"意义，但大家都在围绕它展开思考，发表议论。如果我们能从自然观的角度出发，重新审视和理解希腊哲学和亚里士多德哲学，是完全可以获得一些新的认识的。

关于亚里士多德哲学，人们尝试的研究角度和方法更多。在

---

① 《自然辩证法》，见《马克思恩格斯全集》第 20 卷第 386 页（人民出版社 1971 年）。

我国学术界影响最大的是两种方法。

一是以耶格尔（W. Jaeger）"发生学方法"为代表的纵向追踪法。无论具体的主张是什么（如从柏拉图主义到经验论；或相反，从经验论回到柏拉图主义），都把亚里士多德哲学视为一个发展着的完整体系，致力于清理出思想发展的纵向线索。虽然这种方法的鼎盛时期已经过去，也存在一些自身的缺陷，但由于影响巨大，合理成分多，至今仍然很有市场。

二是以列宁"混合、混乱说"[①]为代表的横向比较法。它的典型表现是：不煞费苦心地纵向追踪亚里士多德思想的来龙去脉，而是以现存著作为依据，按内容分成几大块，平面式地进行比较研究，发现其中的折中调和和矛盾。这种方法在国内的亚里士多德研究中一直占据主导地位（最近几年情况有所改变），在国外也很有影响（我个人认为，E. 杜林的"问题说"和普林斯顿版新编《亚里士多德全集》的主编 J. 巴内斯的"非体系说"等在本质上亦属此列）。虽然各自的观点和具体做法差异较大，但反对纵向追踪的体系性解读，主张横向比较的问题性研究的总体方法论原则却是一致的或相近的。

至于在国外流行的另外两种研究亚里士多德哲学的方法，即"文献解读法"（注重对原文原典型的原义考证和解读）和"语言分析法"（偏于用逻辑分析和语义分析去解释亚里士多德著作，有些人甚至将他奉为分析哲学传统的鼻祖），由于涉及古典语言、希腊史料、语言学和逻辑学等专业性质很强的知识积累，

[①] 列宁在《哲学笔记》一书第416页说："亚里士多德处处都把客观逻辑和主观逻辑混合起来，而且混合得处处都显出客观逻辑来。……在一般与个别的辩证法，即概念与感觉到的个别对象、事物、现象的实在性的辩证法上陷入稚气的混乱状态，陷入毫无办法的困窘的混乱状态。"（人民出版社1974年）

至少在目前，对国内学术界的影响还不大。这当然不是好现象，但愿百花齐放的这一天早日到来。

笔者对亚里士多德的研究，力图在吸收"纵向追踪法"、"横向比较法"和"文献解读法"优点基础上，采取一种"层次论"的角度。所谓"层次论"（这是笔者自己的提法）的角度，即按照亚里士多德本人的区分，把他的哲学分为第一哲学和第二哲学两个层次或层面来看待和清理，不搞纯粹的单线追踪和平面分解，在分别研究两个层次的基础上，再来探讨它们之间的关系，从而整体审视亚里士多德哲学。"层次论"研究的出发点是他的自然哲学或第二哲学，因为它是神学或第一哲学的基础[①]，也因为亚里士多德哲学的自然科学依据是生物学而不是数学。

基于这种认识，笔者选择了自然观这个被人们忽视甚至遗忘了的角度来透视亚里士多德哲学乃至整个希腊哲学，企图以此探讨他的两个哲学分支的关系，并看他是如何批判前人的错误，通过拯救自然来拯救哲学的。

其次是对现实的关注。

由于近代以来西方哲学和科学（以培根和牛顿为主要代表）关于人与自然关系的片面认识所带来的错误导向，把自然视为手段、工具甚至暴力掠夺的对象和战而胜之的"敌人"，由于技术的飞速发展所必然产生的双刃作用和刺激起来的只顾当前效益、不计未来后果的实用主义功利观，更由于全世界范围内日益严重

[①] 我之所以断言亚里士多德的自然哲学是他神学或第一哲学的基础，主要基于两点理由：其一，从时间上看，现在所见《形而上学》的主体内容从总体上讲，晚于以《物理学》为代表的自然哲学；其二，从内容上看，他第一哲学中的核心内容（如形式质料学说、潜能现实观点、实体论思想等），都来源于自然哲学中的本原论、原因论、运动论等。

的资源破坏、环境污染、生态灾难等客观现实的逼迫，20世纪70年代以来，西方世界（特别是西欧各发达国家）就爆发了一场影响深远的生态学运动。经过20多年的发展，这场运动声势日益浩大，涉及的问题和范围日益复杂宽广，也逐渐引起了世界各国的高度重视（1992年联合国环境与发展大会的举行，标志着这场运动进入了一个新的阶段）。现在，"环境与可持续发展"问题，已成为全世界共同关注的21世纪的主题之一（甚至是第一主题）。中国共产党十六大以来提出"科学发展观"的重要内容之一正是人与自然的协调问题。

这场运动的实质和宗旨，是"拯救自然"从而"拯救人类"，即通过重新认识和确立人与自然的关系，增强人的环境意识，促进人和自然的协调发展。从哲学上反思这场运动，肯定有许许多多的工作要做和可做。事实上，人们也的确做了不少有益的工作。但依笔者所见，在人们的反思中，从总体上来说，至少存在三方面的不足。

一是带有明显的功利目的，人是为了人自己生活得幸福才被迫去反思的，自然仍处于陪衬的地位，所以，其实质不是真正意义的"拯救自然"，而是"拯救自己"，本质上是另一种形式的人类中心主义（我们可以作这样的假设：假如自然完全像人们所希望和要求的那样任其摆布，不报复性地反复闹事，或许人是不会也不愿放下主人的架子，去和仆人重新讨论和确定关系的）。

二是就事论事的议论多，理论（尤其是从哲学上）反思不够。即使是哲学上的理论反思，也是批判（从培根以来的近代自然观）的多，吸收的少，很少有人认真总结古代希腊自然观及其对当代的借鉴意义。这种不足，国外和国内学术界都存在。

三是把西方自然观视为一个整体，绝对地将中西自然观对立起来。这种倾向，在近几年国内学术界表现得非常明显。"中国哲学讲究天人合一，西方哲学讲究天人二分"，成了一种时髦的口号式的观点。这种把近代西方自然观当成整个西方自然观的简单化做法，完全忽视了希腊自然观的实质和特点，无疑是站不住脚的。实际上，从总体来看，希腊乃至整个西方古代哲学的主流，本质上都是主张天人合一的，把人独立出来作为万物的主宰，是文艺复兴时期以来的潮流。虽然希腊人所理解的"自然"①，主要不是具体的自然事物和自然环境，但他们的万物统一论立场、自然生命论和目的论观点、小宇宙（人）服从大宇宙（世界）的想法以及顺应自然而生活的主张，无不代表着与近代自然观极不相同的另一种见解。而这种远离我们的古老见解，正是当今世界需要在认真改造的基础之上重新确立的。

笔者的意图之一，就是企图通过本书的粗浅探索，尽力敞现以亚里士多德为代表的希腊整体、有机自然观，促使当代人参照希腊先哲们的认识去深刻反省人与自然的关系等问题。

最后是纯粹个人的原因。

从1985年我在中国人民大学读研究生二年级，选择硕士论

---

① 英国思想史家罗宾·柯林伍德在其《自然的观念》一书中指出，在希腊人那里，phusis "总是意味着某种东西在一件事物之内或者非常密切地属于，从而它成为这种东西行为的根源，这是早期希腊作者们心目中的唯一含义，并且是作为贯穿希腊文献史的标准含义。但非常少见地且相对较晚地，它也富有第二种含义即作为自然事物的总和或聚集"，而这第二种含义，却被后来的欧洲人颠倒过来，成为phusis（nature）的主要含义，因为"在现代欧洲语言中，'自然'一词总的说来是更经常地在集合的意义上用于自然事物的总和或聚集"（参见《自然的观念》中译本第48、47页，吴国盛、柯映红译，华夏出版社1999年）。总体而言，柯林伍德的这个见解虽然有些简单，但却是合理的。关于希腊人phusis的含义，后面有专节讨论。

文的题目时起，20余年来，我一直对亚里士多德哲学，尤其是他的自然哲学感兴趣，所以，无论是翻译《亚里士多德全集》，编写西方哲学史或古希腊哲学的教材，撰写学术论文，还是作博士学位论文，我都基本上把主题限定在这一范围。本书的写作，也是想把自己多年来学习和研究的心得整理一下，总结出来，献给我已仙逝七年的恩师苗力田先生和其他前辈及朋友，同时也是为了以此为标志，结束这段兴趣，然后把自己的精力主要转到研究亚里士多德的伦理学和第一哲学方面以及其他问题上去。

二 关于本书的角度及结构

限于篇幅和精力，特别是作者的知识和能力，本书不打算全面、系统地研究亚里士多德的自然哲学（虽然这也是非常值得认真做的事情），只是从清理他所理解的"自然"概念的多层含义的角度出发，结合他在《物理学》和《形而上学》等著作中的有关论述，展现其关于自然，即自然观的基本思想。因此，他的自然哲学方面的很多重要内容，如时空论、运动论、宇宙论、天象论、生物论等等，本书都不会正面地系统讨论，最多只在论述有关问题时，涉及其中的某些内容。

基于上述理由，本书的结构为：以"自然"概念为核心，以亚里士多德之前希腊哲学自然观的历史演变为背景，分三个方面系统分析论述亚里士多德本人的自然观。第一个方面是前提性的，概要介绍他对前人自然观的批判以及通过知识分类对自然哲学地位的确立。第二个方面是基础性的，集中考察他对"自然"概念含义的清理。第三个方面是全书的重点，正面讨论他自然观的主要内容，即自然所为论、自然动因论、自然实体论。此后，简单梳理亚里士多德以后西方自然观历史发展过程中几种主要形态的大致线索,并站在理论反思的高度,探讨亚里士多德自然观的历史意义和现实启迪作用,作为本书的结语。

第一章

绪论：拯救现象与拯救自然

第一章 绪论：拯救现象与拯救自然

"自然"是个既非常简单又极其复杂的概念。它简单得令人不屑一顾，连不识"自然"二字的文盲也可常挂嘴边，拿来得心应手地说长道短；同时，它又复杂得让人难以置信，虽然无数贤哲智士历经几千年的追问，但时至今日，"什么是自然"的问题依然莫衷一是，更不用说如何真正认识和正确处理人类和自然的关系了。下面这些事情就是"自然"捉弄我们的例证：好端端的一些名人，不知是由于顺从自然还是违逆自然，一念之间竟干出荒诞不经之事，让人扼腕和迷茫；清朗朗的一片乾坤，不知是因为自然作祟还是人为造孽，转瞬之间竟搞得山呼海啸，洪水滔天，SARS肆虐，鸡瘟横行，使人不得不暂时放下本已忙得焦头烂额的"正事"，去做无奈又无力的抗争。

愈神秘的东西对人愈有吸引力。正如亚里士多德所言，爱智慧者也就是爱奥秘者。于是自古以来，作为爱智者的哲学家和同样爱智的其他一些思想家，就自然而然地把关于自然问题的思考列为自己的分内之事，不遗余力地苦苦探求，留下了许许多多他们各式各样的思考成果。区别大抵只在于，他们有的专思自然，有的兼思自然；有的思这种意义的自然，有的思那种意义的自然；有的思自然的目的在于摆正关系，顺从自然，心悦诚服、有滋有味地在自然的怀抱中生活，有的思自然的目的在于心存雄心，战胜自然，反过来成为趾高气扬地支配自然的主人，彰显自己的力量和伟大。

古代的希腊哲学是整个西方哲学的渊源。那个时候的哲人，不像现今的人们（包括学人乃至哲人）这般忙碌、复杂、深沉或烦躁，他们不被生计所迫，不为职称所累，不奔波申报项目完成课题的杂事，不玩弄成果获奖或名人效应之类的心计，也对当官谋权经商谋利的事情没有什么兴趣①，而是显得闲暇无事，悠然自得，加之性情单纯、思想稚朴，便睁眼问天、闭目扪心，无拘无束地思考这扑朔迷离的自然，并留下了一卷又一卷被自己或后人冠名为《论自然》（Peri phuseoos）或《自然学》（Phusikee）的羊皮草纸，从而一步步积累，最后创造出了后人称之为"自然哲学"的那门学问。

毫无疑问，在这群思考"自然"的希腊哲人中，那位性情温和、脚踏实地、思维敏捷、学识渊博，被尊为希腊哲学集大成者的亚里士多德是最有心得和成就的，因而也最值得我们今天去探究，去整理，去发掘，去反思。

要探究亚里士多德的自然观，并不是一件容易的事情，得先做一些铺垫工作，看看"自然"在词源上是什么意思，亚里士多德生活于其中的希腊人是如何看待自然的，他是在什么样的哲学背景下思考自然的，以及他思考自然的目的是什么等等。对这些问题进行力所能及的讨论，就是作为"绪论"的本章的主要任务。

---

① 当代研究希腊史的著名专家、剑桥大学的保罗·卡特里奇在他主编的《剑桥插图古希腊史》中不无夸张地断言："财富对希腊人来说，本身并非生活的目标，而主要是享受闲暇的一种手段。"（见该书中译本第201页，郭小凌等译，山东画报出版社2005年。）于是，一般的富人沉溺于追求时髦、声色犬马、美酒佳肴，而思想者们在干这些常人要干的事情之外，还在思常人不愿思的道理。

第一节

"自然"的词源含义

我们中国人所谓的"自然"一词,在古希腊文中为 phusis①。phusis 作为一个阴性名词,来源于动词 phuein②。

phuein 用于不同的时态、语态和语气中,含义不尽相同,但基本的意思有两类:一为"生出"(bring forth)、"生产"(produce)、"出现"(put forth);二为"生长"(grow)、"变大"(wax)、"发生"(spring up),尤指植物界的情形。③ 总之,phuein 一词的核心意义,是指有生命之物的"生"和"长",前提是有生命。

从 phuein 衍生出来的名词 phusis,也是围绕"生"和"长"这一核心意义展开的。按 Liddle 和 Scott 主编的《希-英大辞

---

① 为方便排版印刷,本书出现的所有古希腊原文,全部改为用汉语拼音方案拼写。拼写的对应关系基本上以苗力田先生主编《古希腊哲学》(中国人民大学出版社 1989 年)"后记"中的对照表为依据,只把两个长元音双写成 ee 和 oo,以区别于对应的短元音 e 和 o。
② 凡本书单独引用的动词,一律用不定式。
③ H. G. Liddel & R. Scott, A *Greek-English Lexicon*, p. 1966, Oxford, 1958.

典》的归纳，phusis 的含义可分为七层。

第一，起源、开始（origin），生长（growth）。显然，这是该词的词源意义，完全来自 phuein。

第二，作为生长结果的人或物的自然形式或构造（the natural form or constitution of a person or thing as the result of growth），包括本性（nature）、结构（constitution）、外观（owtward form）、形状（appearance）、性情（temperament）等等。这是从 phuein 引申来的，是从结果而不是从过程的角度看。而且更重要的是，它强调的是有生命之物的"性"和"形"方面，不在乎这个"性"和"形"由什么材料构成。应该说，这是人们（包括希腊人）最常使用的 phusis 的含义。

第三，自然的规整性秩序（the regular order of nature）。这层含义比上一层又深了一步，它不仅从个体性的、易觉察的"性""形"进到了整体性的、不易察觉的"秩序"，而且突出了 phusis 作为规则不变的、恒定的一面。

第四，在哲学上，指作为始源力量的自然（nature as an originating power），或元素性的实体（elementary substance），或创造（creation）。其实，在希腊哲学中，哲学家们所理解和使用的"自然"的含义比词典的这种概括丰富得多，也复杂得多。这方面的问题，后面的正文要展开讨论，这里不赘述。

第五，作为具体名词，指受造物（creature），常用于集合意义。这层含义，才主要是我们习惯称呼的，与社会、思维领域对应的、狭义的自然。这里有两点值得我们注意：一是"自然"作为集合名词，不等于某一个具体的自然物，正如"森林"作为集合名词不等于构成森林的每一棵树木一样；二是"自然"

作为受造物，意味着是由什么东西构成的或造成的，但是，它既不指构成它的元素，也不指造成它的原因，而是指作为结果和合成物而存在的具体东西。

第六，类、种（kind，sort，species）。这是从逻辑学的角度讲的，不是 phusis 的主要含义，而是衍生意义，使用的人也比较少。

第七，性或性别（sex）①。这也是 phusis 的次要含义，无多大哲学意义。

可见，从非哲学的一般意义讲，在上述七层含义中，最主要的是一、二、三、五层：自然就是生命之物的生长，就是生命之物的本性，就是生命之物的秩序，就是生命之物（人工制造的"克隆"物除外）的统称。

要比较准确地把握 phusis 的含义，除了分析它的自身意义之外，还应该联系另外的两个词来讨论，即 tekhnee 和 nomos，因为 phusis 与它们的意义正好对立。

tekhnee 也是一个阴性名词，它的含义比较广泛，基本意思是"技艺""艺术""技术"，即人工制造的任何东西所使用的规范性方法、手段或方式，也可以引申为制造物、工艺品等。可见，tekhnee 与 phusis 的区别是显而易见的：前者为"人工制造"，后者为"天然生长"；前者是人们作为主体智慧的结晶，后者则将人本身包含在内。关于 tekhnee 与 phusis 在自然哲学上的区别，亚里士多德在《物理学》等著作中有专门的论述，本书第四章再展开讨论。

---

① 以上七层含义的区分详见 *A Greek - English Lexicon*, pp. 1964-1965。

nomos 作为一个阳性名词，源出于动词 nomoein，其基本的意思是 that which is in habitual practice, use or possession，即"惯常实行、使用或所有的东西"。围绕这一基本意思，nomos 被规定为"习惯"（usage）、"习俗"（custom）、"律法"（law）、"由权威制成的法规、法令"（statute, ordinance made by authority），也转义为"曲调、调子"（melody, strain）等。①

总之，nomos 的前提是"人为的"，是人们经常性地实行、使用或拥有什么，成了习惯，积淀下来并因而遵从的东西。因为"习俗"是人养成，"律令"靠人颁布，"调子"由人谱吟。虽然 nomos 也是规矩（即所谓"习惯成自然"），也要人遵从，但这规矩却是人有意或无意地制成或养成的，且它的适用范围也只限于人。所以，不同群体、不同民族、不同地域、不同时期的人完全可以有而且也应该有不同的 nomos，同理，也完全可以按照人们的需要，被人们的意志所改变，打破旧的 nomos，建立新的 nomos。譬如，小到乒乓球比赛由 21 分制改为 11 分制，大到政治斗争中的改朝换代、变法维新，都是改变 nomos 的例证。

从上面的简述，我们可以看出，nomos 与 phusis 的区别可以集中地大致概括为"本性使然"与"人为约定"。如果展开来说，这种区别，主要地具体表现在以下几个方面。

第一，性质和目的不同。nomos 是人这种特定主体的外在规定，要求"应当如此"，其目的是调整和规范人际关系，以使其过好群体生活；phusis 则是自然本身的内在规定，表现为"必然如此"，没有人为的因素。

---

① *A Greek-English Lexicon*, p. 1180.

第二，起作用的范围不同。Nomos 既然是一种人为约定，就只可能对参与契约的各方起作用，超出这个范围，是无能为力的；phusis 则对任何事物都具有普遍有效性，无特定的适用范围。

第三，变化的方式不同。nomos 既由人约定，其变更也应该相应地由人经过约定作出，习惯的改变、规则的修改、政策的调整、法律的废用，无不是人的意志行为；phusis 则是本身生长变化的，与人的作用关系不大。①

nomos 不仅与 phusis 相区别，也与 tekhnee 不相同。因为其一，nomos 是人为约定，tekhnee 则是人为制造，约定的结果往往以观念和制度的方式表现出来，不一定以实物形态出现，但制造的结果往往是实物；其二，nomos 带有强制性，需要遵从，tekhnee 无强制与否的问题；其三，nomos 带有社会性或群体性，单个的人无所谓 nomos，tekhnee 则往往为个人所有，个体之间差别很大。

对比 tekhnee 和 nomos 的含义，我们可以进一步把握 phusis 的性质。无论 phusis 的含义有多少种，也无论它指事物的生长状态、内性外形、固有秩序、性别种类，还是指事物集合体本身，都有一个共同的特征，即自然而然，本性使然，与人的意识作用无关。换句话说，凡属 phusis 的东西，无论体现在天地万物之中还是人类身上，都是客观的、必然如此的，不以人的意志为转移。所以，人只有顺从它的义务（无论是否认识到它），没有抗

---

① 关于 phusis 与 nomos 的关系，汪子嵩先生等著的《希腊哲学史》第二卷（人民出版社 1993 年）中有过更为详细的讨论，参见该书的第 202～206 页。

拒它的权利。当然，我们并非不承认人的主观能动作用。但人力的作用仅仅表现为：在顺从的前提下利用它，在尊重的基础上要求它，尽量使它与人的需要相一致。倘若人自恃有智慧，有知识，有力量，意欲摆脱它的支配，甚至反其道而行之，要命令它，蹂躏它，玩出违背 phusis 的花样，其结果只能是遭它惩罚，被它玩弄，自食其果。

对"自然"的这种至尊地位，我们中国的老祖宗也和希腊古人们一样，是早已认识到了的①。例如，道学的创始人老子在他仅有五千言的《道德经》中，就多处谈到了"自然"，其中最著名的是第二十五章中的一段话。他认为"域中有四大"，即"道大，天大，地大，人亦大"。这四大的关系不是并列的，而是有个依赖与被依赖的等级问题，他规定为"人法地，地法天，天法道"，"道"为最大。但是，"道法自然"。无论怎样阐释"道法自然"这句话，至少有一点是可以肯定的："道"本身以及"道"化生天地万物和人的过程是取法"自然"，所以，由"道"化生的天、地、人也都应取法"自然"，不得违逆。但可惜而且可悲的是，我们这些自恃聪明绝顶的不屑后辈，并没有铭记祖先的教诲，淡漠甚至丢掉了感恩传统，总想把几者的关系颠倒过来，让人去做"天""地""道""自然"的主宰。相比之下，古人（无论是老子还是希腊人）就比自以为是强者或智者的我们好些现代人要本分得多，谦虚得多，也明智得多。

---

① 将古希腊的"自然"和中国古代的"自然"作深入的比较，是非常有意义的重要事情，值得我们认真去做。遗憾的是，笔者在中国哲学和古代汉语方面的知识和学养都不足，不敢妄加行文。

第二节

希腊人自然观的特点

古时代的希腊人离我们实在太遥远,所以,他们具体生动的真切生活情景,我们实际上无从得知,当然也就无权作出准确判定。我们现在所能做的,最多是以流传下来的某些遗迹和代表性文本(如荷马史诗、赫西俄德《神谱》及《工作与时日》、西罗多德《历史》以及那些法学的、经济的著作等)为依据,去推演他们当时的大致情景。同理,对于古代希腊人的自然观,我们也只能从他们现存神话的、历史的、文学的、哲学的文献中,以及从与后来的学者们有关的研究成果中,去窥视概括出某些特点,至于细枝末节的东西,其实是无能为力的。

从总体上看,古代希腊人的自然观,我认为明显具有以下四个方面的基本特征。

第一,视自然为必然。这个特点,从上面分析的词源含义中已显而易见。本来,自然的必然性含义,指不以人的意志为转移而客观存在和起作用,它不需解释,不证自明,自然而然。但是,生活在几千年前的希腊人虽然无处不感受到这种必然性的存在和制约,却无法理解和述说这种必然性。于是,他们往往就将其归结成"命运"(moira,也有"部分""份额"的意思,一个人所占份额多少,是个"定数"即命运。与moira同词源的另一个词就是moros,即"部分"①),认为命运天定不可改变,只能服从。《荷马史诗》反映并极力宣扬了这种观点,宣称一切事变均为"命运女神"所规定,所以必然按照预定的命运实现。这种命运,不仅凡夫俗子不可抗拒,即使包括宙斯在内的各位神仙也无法改变,在它面前只能甘拜下风。克罗洛斯由于知道了命中注定要被自己的后代推翻,为了确保既得利益,便采取断然措施,吞下所生的每个孩子,但最终仍然没有逃脱被宙斯推翻的结局。

第二,视自然为神圣。正因为把自然视为必然的定数,人在它的面前无能为力,于是,精明而又无奈的希腊人就将其神化,保持一种虔诚的敬畏,对其顶礼膜拜,以免得罪了它而遭到惩罚。所以,在他们那里,凡属于"自然"的一切东西,凡由于"自然"而存在的所有事物,统统被神圣化,尊封为各路神祇。在他们的观念里,天是乌剌诺斯,地叫该亚,众神和万民之父是宙斯,万民之母则是赫拉,海洋是俄刻阿诺,太阳为阿波罗,黑

---

① 由此我想到,中文把moira译成"命运"确实是非常贴切的。我们中国人也很相信命,自古以来产生过无数以算命为业,且过得丰衣足食甚至锦衣玉食的算命先生,也流传下来不少这方面的书籍资料。算命的实质,就是依据你的生辰八字等,测出你命的轻重(用两和钱来计量),即所占的份额,轻者为贱和贫,重者为贵和富。这与古希腊人的观念和信仰是一致的。所不同的是,希腊人没有我们聪明,更不如我们懂辩证法,他们往往将"命运"视为一体,有些无可奈何,而我们这边,可以将"命"和"运"拆开,"命"虽是天定,但"运"可人为,通过相信算命先生高深莫测的有偿指点,能够逢凶化吉,转危为安。这种"运"的辩证法,也许正是算命先生生意兴隆的原因。

夜是尼克斯，时间为克罗诺斯，情爱叫阿芙洛狄忒，谷物是得墨忒耳，酒是狄奥尼索斯，地府主宰即冥王为哈得斯等等。虽然他们也耍点儿小心眼，把这些神祇拟人化，将人的陋习恶行统统加之于神，但毕竟它们是神圣之物，其呼风唤雨等本领，非有死的凡人所能匹敌。

第三，视自然为有机。这一特点，已经内含在 phusis 这个词本身中。在古代希腊人的眼里，一切自然的东西都有生命，都有灵魂，都在"生""长"。正因为万物都是具有灵性的生命之物，所以，我们不得任意践踏，随便役使，而应将其善待，将其敬畏，与之和谐相处。

第四，视自然为整体。将包括人类在内的万事万物作为一个有机的整体，并从这种整体性原则出发来思考和处理各种问题，是希腊人自然观的又一个显著特征。这种根深蒂固的整体性、统一性观念，发源于荷马史诗和神话传说，在当时的哲学、文学、历史学和医学等著作中都有明显的反映。正如美国学者 T. 欧文所说："荷马在自然过程中寻找统一性、规律与秩序，这就开始了一种支配希腊——还不仅仅是希腊——的哲学与科学思想的探索。"[①] 赫西俄德煞费苦心地为众神撰写家谱从而也是以神话方式为世界万物探索统一起源的努力，更强化了希腊人的自然整体性观念。第一批希腊哲学家正是沿着史诗和神话所开辟的方向，进行理性意义上的万物本原探索的。这种自然观，深深影响了历史著作的撰写和医学的理论与实践。"历史学之父"西罗多德认

[①] 特伦斯·欧文著《古典思想》第 17 页，覃方明译，辽宁教育出版社，1998年。

为，历史事件与变化不能完全由个人的决策和狂想、不可测的机遇等来解释，而应由社会政治制度、人类与环境之间关系的普遍规律来解释。所以，他在书写战争时，详细考察了习俗、信仰、制度和气候条件等。医生们受其影响，也注意了诊病的整体性和系统性："我们从万物共同的自然本质中学习，也从每一事物的特殊本质中学习"。① 这种整体性观念，甚至被英国著名的古典学者基托（H. D. F. Kitto）视为希腊精神最典型的特性。他在那本风行一时的《希腊人》小册子中说："万物一体的观念或可说是希腊精神最典型的特性。"② 这种整体自然观，不仅影响了包括亚里士多德在内的整个希腊哲学，也影响了后来的中世纪哲学和神学。

上面简述的希腊人的自然观，为亚里士多德从理论上认真探究自然，并进而建立起比较完整的自然哲学体系，提供了深厚的文化沃土和思想背景。但是，真正促使他肩负"拯救自然"这一历史重任的直接原因，则是哲学内部前辈思想家们为拯救现象所作的种种努力的失败。

---

① 转引自《古典思想》第 34 页。
② 基托著《希腊人》第 218 页，徐卫翔、黄韬译，上海人民出版社 1998 年。

第三节

希腊哲人的任务：拯救现象

哲学作为热爱智慧之学，当然是世界的，但首先更是民族的。不同时期、不同地域、不同民族的哲学家，既有基于人类面临的共同问题而承担的共同任务，也有基于不同的思想文化等方面的背景而肩负的特殊使命。哲人们为完成这种特殊使命而努力给出的种种答案，虽然并非十全十美，有的甚至漏洞百出、荒诞不经，但却构成了一道色彩各异的独特风景，而这种独特风景，往往更具魅力。希腊哲人区别于中国、印度等东方哲人的一项特殊任务，就是拯救现象。

所谓"拯救现象"（这是后来的研究者们的概括），指给现存的一切事物现象找寻背后起支撑作用的根据或理由，使它们的存在和生成得到合理的解释，不至于成为无根无由的飘风流云。

现象之所以需要拯救，是由它们本身的性质决定的。

古希腊文中的"现象"一词，单数形式写作 phainomenon，多数形式为 phainomena（凡拉丁系的西方语言，在拼读方面，大体都源出于此，譬如英语的"现象"单数为 phenomenon，复数为 phenomena）。它是由动词 phainein 的中性现在分词加冠词而变成的名词。phainein 的基本意思是"照亮""出现""显现""呈现"等。作为中性名词的 phainomenon 或 phainomena，自然就成了"显现或呈现出来的东西"。而且，由于这个分词是中动语态，带有自反性质，所以，"现象"一词也就具有了"自身显现或呈现"的意思。既然是"（自身）显现"，就有个必要的前提，即"什么在（自身）显现"，因为"显现出来的东西"只是结果，不是原因。词义本身的这种状况，决定了追溯原因、探寻前提或确定那个"什么"的必要和必然。另一方面，既然"现象"是"显现出来的东西"，是裸露在外、能被感官感知到的东西，是生灭变化、川流不息的东西，就有个显现得如何的问题。换言之，这个"什么"与其显现的东西到底是怎样的关系？显现之物是这个"什么"的真实显现还是虚假显现？

希腊哲人之所以要拯救现象，除了上述"现象"一词本身的性质之外，还有另外两个方面的重要原因。

其一，由他们所理解的哲学的性质和任务所决定。

我们今天所谓的"哲学"，就是希腊人叫作的"热爱智慧"或简称的"爱智"（philosophia）。但是，作为爱智者（而不是"有智者"）的哲学家，他们所热爱并进而努力追求的智慧，不是为了娱乐消遣的雕虫小技，也不是服务于功名利禄的实用技术，而是追根求源的大智慧。按照亚里士多德在《形而上学》中探讨"哲学"自身有关问题时的说法，这种所谓的智慧，"是关于那些本原和原因的科学"①。要追求这种智慧,必需具备三个条件。

一是要有"闲暇"(skholee②),完全不必为日常的衣食住行等生活必需条件操心受累,身心都空闲得无事可做。

二是要有"好奇"(thaumazoo)心,对不解之事不漠然放过,更非不懂装懂,而要抓住不放,刨根问底,想弄出个所以然来。因为"不论现在,还是最初,人们都是由于好奇而开始哲学思考的,开始是对身边所不懂的事物好奇,继而逐步前进,而对更重大的事情发生疑问,例如,关于月相的变化,关于太阳和星辰的变化,以及关于万物的生成"③。"在某种意义上,一个爱智慧的人也就是爱奥秘的人,奥秘由好奇构成。"④

三是不以实用为目的,为知而知,完全"自由"。"我们追求它并不是为了其他效用,正如我们把一个为自己、不为他人而是人的人称为自由人一样,在各种科学中唯有这种科学才是自由

---

① 《形而上学》982^{a2-3}。本书凡引用《形而上学》中的原文,基本上以苗力田先生编注的《亚里士多德选集·形而上学卷》(中国人民大学出版社 2000 年)中译文为准。只有在笔者认为有必要重译时,才有变动。

② 英语的"学校"(school)一词源于这个 skholee,表面看有些奇怪,因为"闲暇"与"学校"不怎么搭界。但认真一想,它们之间真有必然的内在联系。"闲暇"是指不为衣食操心忙碌而无事可干,到学校去受教育便成了闲暇之人应干之事。反过来,无论孩童还是成人,如果他们疲于生计,为糊口而累得不知死活,毫无闲暇可言,是决然与"学校"难以挂上钩的。这至少也部分地说明了,为什么在我国的贫困地区,每年有那么多孩子辍学,为什么农村的成年人,没听说有多少在上继续教育之类学校的,而在城市,为什么各种各样的这种学校却生意兴隆,以至于混入了不少南郭先生甚而江湖骗子。

③ 《形而上学》982^{b13-17}。

④ 《形而上学》982^{b20-21}。

的，只有它才仅是为了自身而是科学。"① 既然哲学"是关于那些本原和原因的科学"，本原和原因都是某种藏而不露的东西，是躲在显现之物背后的奥秘，而哲学家正是这种爱奥秘的人，那么，由他们这样一群"闲暇"而又"好奇"的"自由"人来"拯救现象"，就是最为自然不过的事情了。

其二，受传统思维定式的影响。

严格说来，希腊的第一批哲学家并不是第一批承担"拯救现象"任务的人，相反，他们都是在荷马史诗和赫西俄德《神谱》等英雄神话所营造的传统思想文化氛围中成长起来的。而无论是荷马、赫西俄德还是其他什么人，在他们的作品中，都早已经以神话传说的叙述方式开始了寻求万物统一性，从而拯救现象的漫漫征程，甚至为后来的哲人们准备好了一些基本词汇。可以明确断言，没有他们卓有成效的前期工作，就很难说有后来哲学家的思想成就以及从这些成就中体现出来的共同特点——为拯救现象而探索现象背后的本原和原因。当然，哲学家们的独特贡献是不容抹杀，也是不能被抹杀的，毕竟只有他们，才是第一次用理性的眼光和理性的语言理性地拯救现象的人。

需要拯救现象，必须找寻根据，这是绝大多数希腊哲学家的共同认识和共同行动。但是，如何拯救现象，怎样找寻根据，不同的哲人却提出了各自不同的方案。大致说来，我们可以大胆地把把亚里士多德以前的哲学家们的拯救方案划分成两大类型，一类可称为现象类或"现象论"（phainomenology），另一类可叫作

---

① 《形而上学》982^{b26-28}。

实体类或"实体论"（ousiology①）。

现象类的哲学家是尝试着理性地拯救现象的第一批"吃螃蟹"的勇士，主要包括米利都学派的三大哲人和赫拉克利特、恩培多克勒等人。他们给出的拯救方案的共同特点是坚信形形色色的世界万物是统一的，有着相同的本原和根据，并坚持在现存的万事万物本身中去挑选出这样的本原。也就是说，他们虽然明确地意识到了要给显现出来的各种现象找寻根据，给出存在和生存的理由，但却没有能够跳出现象这个已然显现的现实圈子，用圈子内的一种或几种东西来解说其余的东西，其实质乃是用现象拯救现象。因此，我们称之为"现象类"。无论是泰勒斯的"水"、阿拉克西曼德的"无定"（apeiron，对这apeiron学界有很不相同的定性，我倾向于认为它只是界于水和气之间的某种无以定名的东西而已）、阿拉克西美尼的"气"，还是赫拉克利特的"火"、恩培多克勒的"四根"（水、火、土、气）和"爱""恨"，都是感官可视和可触的显现之物。虽然他们在把这些东西作为本原和根据时，都作了必要的抽象，赋予了必要的特权，不再等同于大千世界中的原生物，但毕竟不是现象背后真正的看不见摸不着的那个"什么"。

由于现象类哲学家用现象拯救现象的方案和答案难以真正服人，并且受到了以巴门尼德为代表的爱利亚学派的猛烈批判，接下来的第二批哲学家，便另辟蹊径，走向了"实体类"。

---

① ousiology这个词是当年苗力田先生在指导我的博士论文时，和我深入讨论这个问题的过程中，建议生造出来的，现存的词典里查不到。该词按一般的构词原则，由ousia（实体）加logos（理论学说）作词尾时的变异形式logy组成。构造该词没有标新立异等其他想法，只是为了与phainomenology相对应，便于称谓。

"实体类"的哲学家阵容强大，地域分布也较为广泛，重要代表有西边爱利亚的巴门尼德、东边拉左门尼的（只是在雅典居住和执教过三十年）阿那克萨戈拉、北边阿布德拉的德谟克利特和雅典本土的柏拉图等人。虽然他们彼此的观点差异很大，相互之间也有指责和批判，但是，在拯救现象的方式这一点上，却有不同于现象类的相同或相似之处。他们都不大相信感觉的真实有效性，而对理性思辨情有独钟，所以，大多把可以感觉到的现象世界称为"非存在"的领域，企图在这个领域之外去寻找感觉不到，只能为思维所把握的现象根据。这个根据，尽管他们各自的称谓不同，但都起着支撑和说明感性物象的实体作用，因此，我们将他们叫作"实体类"。

　　巴门尼德是实体类观点的开山鼻祖。因为是他首先划分出"存在"和"非存在"两个领域，明确提出"真理"和"意见"两条道路，并首次论证了"存在"的唯一、永恒、连续、不动、不可分、不可感等性质，从而宣告了"存在论"哲学的诞生，从内容上奠基了"本体论"[①]哲学（从词源上看，英文的"本体论"即 ontology 一词，只不过是希腊文 to on 顺序颠倒再加上 logos 合成而已，含义应为"关于存在的学说"[②]，这正是巴门尼

[①] 如何汉译 ontology 这个词，在这几年学界关于 bieng（希腊文 einal 或中性分词 on）的汉译理解问题的讨论热潮中，也势所必然地涉及了，过去，国内大陆学界多将 ontology 译为"本体论"，台湾多译为"万有论"，现在不少学者反对"本体论"的译法，主张还原性地译为"存在论"。我同意译为"存在论"，但鉴于"本体论"的称谓已成多数人的习惯，这里从俗。

[②] 当然，ontology 不等于 ousiology，因为后者是"关于实体的学说"，而不是一般的"存在"。但是，正如我们在后面的第七章将会看到的，ousia 也无非从"存在"（einal）的阴性分词（ousa）演变而来，是"存在"的一种方式，或"最初的存在"。

德肇始的)。

阿那克萨戈拉和德谟克利特虽然不像巴门尼德那样极端,没有把显现之物和它们的本原截然对立起来,而是企图沟通二者,但是,他们都在感觉之外去寻求只有思维才能理喻的东西("种子"或"原子")做本原,这种思路,无疑受到了巴门尼德的重要影响。尤其是阿那克萨戈拉,更加重视"理智"(nous,也译为"心灵")的作用,将它的能力夸大得无以复加,说了一大堆褒扬它的话,甚至第一次明确提出了这样的判断:"一切将要存在的、一切过去存在但现在已不复存在的,以及一切现在存在而且将来也要存在的东西,都为理智所安排。"[1]

柏拉图比他的任何一位前辈都走得更远。他不仅把现象界与实体界截然分开,而且完全否认了现象世界的真实性,另外构建一个理念(idea, eidos,或译"相")世界作为前者存在的依据。

毫无疑问,与现象类相比,实体类哲人的思想要深刻一些、思辨一些,内容也丰富得多。然而,从对现象拯救的实际效果来看,他们也同样是不成功的。因为他们拯救现象的实质,归根到底是靠牺牲现象来拯救现象,而一旦牺牲了现象,是根本谈不上有效拯救的。巴门尼德把"存在"和"非存在"绝对对立起来,分割开来之后就完了事,没有想到要如何去沟通二者,并且,一旦进入"意见"领域,又难以"脱俗"地回到了现象类哲人的老路。阿那克萨戈拉一方面贬低感觉,直接宣称"由于感觉的

---

[1] 残篇12,见苗力田主编《古希腊哲学》第146~147页,中国人民大学出版社1995年。

软弱无力，我们就不能辨别真理"①，另一方面，在具体解释事物的秩序时，又不得不"用气、以太、水及其他许多古怪的东西作为原因"②，而把"理智"扔在了一边，惹得本来极有兴趣的苏格拉底极为不快。德谟克利特讲了一大套"原子"和"虚空"构成万物的道理，却又得出了悲观无奈的结论："我们实际上并不知道什么。对我们每个人来说，存在的只是偶性或意见。""很清楚，要知道每个事物实际上是什么，是没有办法的。"③柏拉图虽然雄心勃勃，没有德谟克利特那样悲观，但结局却更为悲惨。他煞费苦心地一次又一次地尝试着在两个"世界"之间架设沟通的各种桥梁，但又一次次惨遭失败，万般无奈之下，不得不借用外力，靠"神"的万能之手，用神话般的创世理论最后收场。

从表面看来，现象类和实体类是水火不相容的两个极端的阵营，拯救现象失败的原因也是截然不同的。但是，如果我们认真地仔细分析，就可以发现，他们失败的深层根源，其实是一样的。这就是由于他们各执一端，造成了现象与实体的根本分离。现象与实体，显现之物与被显现之根，本来是个统一的整体，如果人为地将其分离，是无论如何也找不到正确答案的。现象类哲人的主观愿望也许并不是想分离二者，他们是误把现象当作了实体，没有能也不可能往深处追问，而是遮目于感觉，停止在感性抽象，基本上靠看得见的肉体之眼去打天下。实体类哲人敏锐地看到了感觉的局限性、现象的变异性和思维的优越性、本体的稳

---

① 残篇21，见《古希腊哲学》第152页。
② 参见《古希腊哲学》第202页。
③ 残篇7、8，见《古希腊哲学》第168页。

定性，重视看不见的心灵之眼的作用，这无疑是难能可贵的，也是非常正确的。但是，他们不应该走向另一个极端，非此即彼地把它们截然对立，弃变易而取稳定，舍现象而求本质，轻感觉而重理性。

　　前辈们拯救现象的种种努力和不同失败，给亚里士多德提供了一份非常宝贵的经验教训。思维敏捷、熟悉历史而又擅长综合创新的他，为了不重蹈覆辙，换了一种思路来力图完成前人的未竟事业。

第四节

从拯救现象到拯救自然

和前人一样,亚里士多德也在承担着拯救现象的艰巨任务,而且比前人更自觉、更清楚地认识到了这一点。因为他不仅明确地指出,"只有在我们认识了根本原因、最初本原而且直到构成元素时,我们才认为是认识了每一事物"①,而且第一次把哲学界定为关于某些本原和原因的科学,把它的研究对象确定为"作为存在的存在"。

但是,他研究问题的思路的出发点却与前人很不相同。

首先,他把前人笼统对待、搅混在一起的哲学区分为两个层次或分支,即第一哲学(神学)和第二哲学(自然学),并具体规定了各自不同的研究对象:第一哲学"研究既不运动又可分离的"东西;第二哲学"研究的是可分离的但并不是不运动的"东西②。这样,拯救现象或探寻根据的任务,就可以从两个层次

---

① 《物理学》184^{a12-14}。本书所引的《物理学》中译文,以笔者本人翻译的该书单行本(中国人民大学出版社 2003 年)为准。

② 参见《形而上学》1026^{a15-17}。

或两种角度去看待、理解和完成。其中，第二哲学是基础。

其次，他坚决否认现象与实体的实际分离（只承认实体在定义上或认识上"可分"），认为显现的物象虽不等同于背后的本性或原因，但本性就在现象中，不能抛开甚至牺牲现象去找本性。基于这种认识，他系统地批判了以柏拉图为代表的理念论哲学家。他尖锐地指出："我们①忽略了智慧在于寻求日常所见事物的原因（我们从来不谈变化从哪里开始的原因），我们提出实体，但所说的却是与此不同的另外一种实体。为什么它们会成为这些东西的实体，我们只说了一些不着边际的话"，在这些人那里，"哲学已经变成了数学，尽管他们说数学本应做其他事情的"。② 然而，哲学不是数学，也不能以数学为基础，因为数学是把鲜活动变之物的数、形关系抽象处理成不动的、僵硬的符号或图形来研究的，而哲学却不能无视这些鲜活的东西。

正是由于上述的出发点的不同，亚里士多德实质上就把拯救现象的任务变成了拯救自然。因为既然哲学寻求的是日常所见事物的实体和原因，而日常之物乃是"生""长"着、变动着的"自然"之物，既然作为第一哲学的神学要以作为第二哲学的"自然学"为基础，而自然学研究的对象也正是那些变动着的东西，那么，哲学家通过哲学研究所要拯救的，就不仅仅是现象，而是现象与本性统一的自然。

对自然的拯救，完全不同于对现象的拯救。拯救现象，是为

---

① 学术界一般认为，亚里士多德在这里用"我们"而不是"他们"，表明其写作时间较早，还把自己视为柏拉图学派的一员。在亚里士多德的著作中，这种用法较少，他大多是用"他们"。

② 《形而上学》992^{a25} - 992^{b3}。

现象寻找存在、生成和被认识的根据与理由，使现象有根，并借以得到合法性的证明。拯救自然，则重在搞清自然的含义，确定它的地位和作用、它与现象和实体的关系。因为它的存在是自然而然、合理合法的，因而也是不证自明的。正如亚里士多德所说："想要证明自然存在的企图是幼稚的。因为有许多这样的东西存在着，用模糊的东西来证明显明的东西的作法，反而暴露了在判别自明的与非自明的事物上的无能。"①

亚里士多德之所以要拯救自然，有理论方面的原因，也有历史方面的原因，虽然二者又是交织在一起的，不能截然分开。

理论原因如前所述。由于哲人必须肩负拯救现象的任务，由于前人利用现象"拯救"现象和牺牲现象"拯救"现象这两种拯救方式均告失败，所以，亚里士多德就必须另辟蹊径，企图以拯救的含义和拯救的对象这两个方面的双重转变为出发点，通过拯救自然来达到拯救现象的目的，让现象真真切切地植根在自然之中。

历史原因在于：自然确实需要拯救。因为前人对自然的众说纷纭，不仅搞乱了自然的含义，更遮蔽了自然的本义，使人无所适从，以讹传讹。这种在亚里士多德看来比较混乱的局面，决定了他拯救自然的必要。亚里士多德的目的，就是要通过全方位清理，正本清源，重识自然，并在夯实概念基础之后，建构新的自然学体系以及由此延伸出去的神学体系，使现象得到多层次、多角度的拯救。

---

① 《物理学》193^{a2-4}。

第二章

众说纷纭话自然

第二章 众说纷纭话自然

大约从公元前8世纪时起,希腊世界就出现了一批敢于最先吃"螃蟹"的"闲暇""好奇"之士。他们面对茫茫苍穹和五光十色、瞬息万变的周围世界,无拘无束地高谈阔论,共同思考着、讨论着万物为何存在,怎样生成,是否统一,统一于什么,又如何统一的大问题。于是,出现了第一批思想家,第一批用文字(有的是诗歌,有的是散文)记述自然、研究自然的思想成果。这批思想成果,除反映一般希腊人的自然观的主要特征外,对自然的理解,在内容上呈现众说纷纭的百家争鸣局面。

不过,透过他们众说纷纭的言语,我们可以通过归纳,区分出三种基本倾向(或三种类型),即"神化自然"、"物化自然"和"二重化自然"。下面,我们通过分别介绍这三种倾向的方式,简述亚里士多德以前古代希腊哲学中自然观的主要内容及其演化情况,作为后面重点讨论的亚里士多德自然观的思想背景。

第一节

神化自然

神化自然，是整个希腊自然观中最初也是最为基本的表现形式。所谓"神化自然"，即用各种方式把自然神秘化、神圣化、神祇化。这种倾向，是全人类早期思维中共同的，也是必然的表现，不唯希腊人所独有。就希腊而言，神化自然的倾向集中表现在哲学产生前后的一段时期，程度不同地出现于神话和哲学中。

一 神话中的自然

广义地讲，希腊神话包括既有紧密联系又彼此不同的三方面内容，即荷马史诗、赫西俄德作品和流行宗教（尤其是奥菲斯教）。它们都以神话的方式，反映了自然观上的一些重要问题。

（一）荷马史诗中的"意志"和"命运"

荷马史诗在描写诸神的英雄业绩时，或在刻画他们互相嫉妒、彼此斗争的场面和残酷、贪婪、欺诈等特性时，都自觉不自觉地表现出了一种深沉的思想观念：意志和命运的尖锐冲突。一方面，诸神有着令凡人们羡慕但又可望而不可即的荣耀、地位和幸福，他们力大无比、长生不死，生活在欢乐与饮宴中，随心所欲地张扬生命力量，个体意志得到了极大满足与发挥。但另一方面，却又存在许多混乱的、不可预测的、意志难以控制的场面和事件发生，弄得神仙们也无可奈何。正如德国学者 E. 策勒尔所说："在这些'优哉游哉的诸神'背后和顶上，耸立着一种权利，……那就是永不变更的命运之神。"[①] 这种"意志"与"命运"冲突的情形，在宙斯身上得到了集中的体现。宙斯作为力量与权利都最大的神，其意志的发挥程度无疑是最为充分的。他可以呼风唤雨，驾驭众神，洞察未来。但是，他仍然要服从命运女神莫依娜（Moirai），从不敢也不能违反命运的安排，至多成为"命运"（"份额"）的分配者：当两个英雄进行决斗时，宙斯要称量他们两人的命运，看哪个必然得去死。

这里所反映出来的意志与命运的关系，实质上是意志自由与自然必然性的关系。"命运暗示着一种非个人的、非道德的秩序，独立于诸神与人类的选择。"[②] 策勒尔说得更明确："与奥林比斯诸神搏动着的生命力相比，命运是一个冷酷的抽象物，这是人们开始领会一切事件都受自然规律的支配这一事实的产物。"[③]

对"命运"的肯定和服从，这是我们所见到的、第一次用文字表述出来的希腊人的自然观。虽然荷马是用神话形式表现的，但却很深刻：真正支配神和人的，不是风雨雷电等自然现象，而是背后的那个"部分"，即自然本身的必然性。

[①] 策勒尔著《古希腊哲学史纲》第 10 页，翁绍军译，山东人民出版社 1992 年。
[②] 《古典思想》第 21 页。
[③] 《古希腊哲学史纲》第 10 页。

(二) 赫西俄德作品中的整体自然观

对于研究希腊哲学来说,赫西俄德比荷马重要得多。这不仅因为他是希腊思想史上第一位有真名实姓的历史人物(根据考证,"荷马"只是以行吟弹唱史诗谋生的盲歌手群体的代名词,并不是真有其人),而且更在于,他的作品哲学蕴意很浓,为哲学的随后诞生直接准备了主题方向和基本思路。

据说赫西俄德的作品较多,但完整保存下来且价值重大的是《工作与时日》和《神谱》两部。这两部作品虽然主题不同、风格各异,但至少有两点是共同的:一是都以神话形式出现;二是都反映了作者探索系统化的最初努力("这在荷马那里是完全见不到的"[①]),表现出一种对自然整体性、统一性的思考。

《工作与时日》并不长,只有828行。全诗的主题是告诉人们如何才能生活得幸福或快乐。在赫西俄德看来,幸福的生活固然需要公正和勤劳,需要处理好各种人事关系,但更重要的是,还必须注意四季气候的变化、动植物的生长规律、每个月一些日子的吉凶,更不要有亵渎神灵的行为。在诗中,他特别强调两条原则。一是自然规律具有普遍性,人们应该遵守它,根据自然变化来安排生产和生活。"平原遵循这个节气规律,海洋附近的居民、远离咆哮的海洋、土地肥沃的山谷居民也遵循这个规律。……因为各种作物都只能在一定的季节里生长。"[②] 二是"适当"原则。"你要把握好尺度,在诸事中适当是最佳原

[①] 《古希腊哲学史纲》第11页。
[②] 赫西俄德著《工作与时日》386~393。中译本第12页,张竹明、蒋平译,商务印书馆1991年。

则"①。例如，婚姻要适时，交友要适量，说话要适度，"人类最宝贵的财富是一条慎言的舌头，最大的快乐是它的有分寸的活动"②。总之，凡事都要顺应自然，遵从神灵，把握整体，注意分寸，只有这样，人才能得到幸福。

如果说《工作与时日》是通过说明人的行为要讲究天时、地利、人和来努力表达一种统一性、整体性的观念和人与自然和谐的思想的话，那么，《神谱》则是直截了当地揭示这种观念。

《神谱》比《工作与时日》的篇幅略长，有1022行。全诗的主题其实在《工作与时日》第109行就已经表明："诸神和人类有同一个起源。"

赫西俄德用神话语言和形象方式讲述的这个"起源"故事很长，我们没有必要在这里复述。简单说来，大体上是这样的：首先出现的是卡俄斯（Khaos，混沌），接着是该亚（Gaia，大地），大地作为母亲，后裔分为两大系：以乌剌诺斯（Ouranos，天）为主系，一传至克洛诺斯（Kronos，时间），二传至宙斯（Zeus），以后便是宙斯的子女雅典娜、阿波罗等的出现，再后来女神和凡间男子交媾，生出半人半神的英雄；该亚的旁系后裔有塔尔塔罗斯（Tartaros，地狱）系的恶魔和旁托斯（Pontos，大海）系的神怪。在他所构造的长长的谱系中，最为重要的是开头那段话，如果意译出来，他讲述的实际上是典型的宇宙生成论。"太初之始，混沌生成，随后是胸脯宽广的地母，在她坚实的怀抱里，万物永远繁衍滋生。从混沌和幽暗生出了黑色的夜，

---

① 《工作与时日》693。中译本第21页。
② 《工作与时日》720~721。中译本第22页。

夜和幽暗因爱相融合和孕育，分娩下以太和白昼。为着严密覆盖，地母生下乌兰〔刺〕诺斯，与她自身相等，繁星簇簇的天空，这是处永不衰败的圣地，长住着那些至福的神灵。"①

《神谱》的神话意义是不言而喻的，因为它将诸神各就各位，纳入一个单一的世系，从而完成了希腊神话的统一。从自然观发展史的角度看，它的哲学意义更为重大。首先，自然万物是统一的整体，而且有着同一个起源或开端。其次，自然是和谐有序的。尽管自然显现之初是混沌，后来才有了地天昼夜之分，尽管后来又出现过冲突与复仇等混乱局面，但宙斯继位之后就带来了秩序，诸神各有其位，各司其职。正是靠着这种天然和谐的宙斯秩序，才使得神仙家族香火旺盛、生生不息。最后，它直接启发了后来的哲学家，奠定了希腊自然观的基础。

（三）奥菲斯教的"情爱交合"说

奥菲斯教（Orphikoi）据说是由色雷斯的行吟诗人奥菲斯（Orpheus）创立并命名的。在它传入希腊世界并产生很大的影响之前，希腊的传统通俗宗教是埃硫西斯（Eleusis，阿提卡的一个城，据说是该教发源地）教。比较而言，对后来哲学影响重大的是奥菲斯教。该教对酒神狄奥尼索斯（Dionusos）的极度崇拜所表现出来的浪漫精神和沉醉思想，关于灵魂轮回和净化的观点，以及受荷马、赫西俄德神话的影响而对万物统一和宇宙起源的探索，都深深影响了后来的很多哲学家（例如毕达戈拉斯学派、恩培多克勒等人）。从自然观演化史的角度看，值得注意的

---

① 这是苗力田先生的译文，引自《古希腊哲学》第4页。对照《神谱》116~130，中译本第29~30页。

是该教关于万物起源于"情爱交合"的看法。据喜剧诗人阿里斯托芬（Aristophanees）在《鸟》中记载，奥菲斯派的认识是这样的："一开始只有混沌、黑夜、黑域和茫茫的冥府；那时还没有大地（该亚），没有气（埃尔 aer），也没有天（俄刺诺斯）；从黑暗的怀里，黑翅膀的黑夜首先生出了风蛋，经过一些时候，在季节的实现中，渴望着的爱情（厄罗斯）生出来了。她是像旋风一般的，背上有灿烂的金翅膀；在茫茫的冥府里，她与黑暗无光的混沌交合，生出了我们；首先将我们带进光明。最初世上并没有天神的种族，情爱交合后才生出一切，万物交会才出了天地、海洋和不死的天神。所以我们比所有天神都要早得多。"[①]

这里提到的"爱神"厄罗斯是希腊文 Eros 的译音。作为一个普通名词，eros 的含义是"爱"，但是，它所表示的"爱"是狭义的，专指"情爱""性爱"。相反，大家熟知的 philos 一词所表示的"爱"才是广义的，泛指"热爱""喜爱""友爱"，而没有两性之间的"性爱"意思（所以，"哲学"作为"爱智"是 philosophia，而不是 erosophia。虽然后来的恩培多克勒等人也把"爱"作为万物生成的动因，但他用的是 philia，而不是 eros，即"友爱"而不是"性爱"）。奥菲斯教把爱神 Eros 作为衍生天神和自然万物的原因，强调阴阳交会、雌雄结合才能繁衍万物，这实际上是突出了"性"的原始作用（正如后来的欧洲早期启蒙主义者一样），歌颂了自然本性力量的伟大，也反映了自然和谐与至上的观念。因为只有和谐，才能有情爱，才能交会，才能

[①] 《阿里斯托芬喜剧集》第 297 页，张竹明、王焕生译，人民文学出版社 1954 年。

生出万物。

　　以荷马、赫西俄德、奥菲斯等人为代表的神话思潮，最早也是最为集中地反映了古希腊人探索宇宙起源、追问万物本原、破解自然奥秘的普遍的好奇心态和冒险精神。正是在这种心态背景下，在神话奠定的坚实基础上，诞生了希腊哲学。

二　早期哲学中的神化自然残余

　　从本质上讲，哲学无疑是区别于神话的。因为它是用理性的而不是形象的方式，冷静的而不是浪漫的语言在探讨问题。但同样无疑的是，由于哲学脱胎于神话，因而在开始阶段必然带有母体的痕迹。这种痕迹，就自然观而言，主要表现为哲学中存在神化自然的残余部分。

　　概括地讲，早期自然哲学家的思想中大多不同程度地存在神化自然的痕迹。比较而言，阿那克西美尼、克塞诺芬、巴门尼德、恩培多克勒和普罗塔哥拉等人更为明显一些。

　　阿那克西美尼（Anaksimenes）断言世界的本原是"气"。但据西塞罗和艾修斯记载，他又"认为气是神，它存在着，是不可测量的、无限的，且在不断运动之中；似乎要么无形的气就是神，要么所有生成的东西都是不朽的"[①]。显而易见，他的真实意图是要力图把本原之"气"神化，以强调它的永恒不朽、变化莫测和生生不息。

　　克塞诺芬（Ksenophanes）本身是个行吟诗人。他激烈反对同是行吟诗人的荷马、赫西俄德的"神人同形同性"式的多神

[①]《古希腊哲学》第32页。

论神话，但是，他自己却宣扬一种新的一神论神话，较为典型地神化了自然。他指出："荷马、赫西俄德赋予神一切，包括人的那么多耻辱和谴责，奸淫、彼此欺诈和盗窃。"① 在他看来，神不是这样的，而应该是唯一、永恒、不动："唯一的神，在所有神祇和人中最伟大，无论是形体还是思想都和有死之物不同。"② "他永在同一处所以永无运动，在不同时间到不同地方对他是不合适的，他毫不费力地用理智的思想主宰一切。"③ 而且，"它全视、全思、全听"④。

巴门尼德（Parmenides）虽然从哲学方面吸收了克塞诺芬的一神论思想，创立了意义重大、影响深远的存在论哲学，但同样也带有浓厚的神话色彩。他那不朽的《论存在》长诗不仅以浪漫的神话方式开篇，借"命运女神"之口来宣扬"真理之路"的内容，而且据辛普里丘记载，即使在"意见之路"中讨论宇宙生成问题时，也让女神来支配一切："纯粹之火充满了这些狭窄的环道，旁边环道为黑暗充塞，随后有适量的火焰注入，环道中心是操纵一切的女神。她到处鼓动着痛苦的分娩和婚媾，把雌性的送给雄性的相匹配，把雄性的送给雌性的为对偶。"⑤

恩培多克勒（Empedokles）是位集诗人、哲学家、医生、科学家、奥菲斯教徒等多种身份为一体的复杂人物。他写过《净化》，描述灵魂轮回的痛苦经历，具有浓厚的神秘气氛。即使是

---

① 《古希腊哲学》第 86 页。
② 《古希腊哲学》第 86 页。
③ 《古希腊哲学》第 86 页。
④ 《古希腊哲学》第 87 页。
⑤ 《古希腊哲学》第 98~99 页。

作为哲学家在《论自然》中讨论本原问题，他也喜欢涂抹一些神话色彩。最典型的例证，是他用四位神祇的名字来表示火、土、气、水四种元素，借以提出自己著名的"四根"说："首先请听真，万物有四根：宙斯照万物，赫拉育生命；还有爱多妞以及奈斯蒂，她用自己珍珠泪，浇灌万灵生命泉。"①

智者运动的首领性人物普罗塔哥拉（Protagoras），虽然发出过不知道神是否存在以及具有什么样的形状的疑问，但在给年轻的苏格拉底等人讲万物和国家的起源时，也用了他认为比较合适的寓言形式。他说："从前，世界上只有神，没有凡间的生物。后来应该创造这些生物的时候已到，神们便用水、火以及一切水、火合成的混合物，在大地中构造出它们的形状。"②

由上面的简述可以看出，在希腊哲学思想的起源时期，无论是诗人还是哲学家，也无论是神话传说还是哲学论著，在思考万物本性和宇宙起源时，都免不了借"神"来说明问题。这不仅反映了思想家的认识水平，也反映了听众或读者的接受水平。作为古希腊自然观发展的第一个阶段，神化自然的倾向有着多方面的深刻意义。除了我们在前面的第一章谈到的它表明了希腊人自然观的必然性、神圣性、有机性、整体性等特点之外，至少还有两点应该引起我们的注意。

首先，自然不是自然事物，而是产生或者决定事物的力量。无论他们用什么名字来称谓这种力量，它都是先于事物而存在和起作用的，而且是神圣的，不可与普通的物象相提并论。这种从

---

① 《古希腊哲学》第 110~111 页。
② 《古希腊哲学》第 186 页。

本性、根据、本原、起始等方面来理解自然的思路，规定了后来哲学的基本方向，对包括亚里士多德在内的后辈哲人影响很大。

其次，"自然"不限于 phusis。虽然我们说过，"自然"一词的希腊文是 phusis，但由于 phusis 的含义较广，因而可以和其他某些含有"自然"意义的语词等换使用。从前面的简述中，我们可以看出，从荷马到普罗塔哥拉，真正使用 phusis 一词来表述他们心目中的"自然"概念的并不多（尽管哲人们写的著作大多冠名为 Peri phuseoos），相反，绝大多数人选用了其他语词，如荷马的 Moirai（命运女神莫依娜）、赫西俄德的 Gaia（地母该亚）、奥菲斯的 Eros（爱神厄罗斯）、阿那克西美尼的 aer（气）、恩培多克勒的 rhizomata（根）、克塞诺芬和普罗塔哥拉的 theos（神）等等。这种用不同语言来表达同一个概念的情形，当时非常普遍，不仅 phusis 如此，arkhee（本原）和 aition（原因）更是如此。只有到了亚里士多德，才开始认真而系统地清理混乱局面，对概念进行严格界定。正因为"自然"概念的内涵远比 phusis 丰富得多，我们在研究自然观的演化历史时，就不能机械地、死板地只盯着 phusis 这个词，仅仅从词源意义上去看问题，而应该把范围放大些，根据内容而不是仅仅根据语词来作判断，否则，就会限制自己的视野，甚至会步入死胡同。

第二节

物化自然

"物化自然"是希腊思想家们理解自然的第二种倾向，从时间上说，也是第二个阶段。但严格地讲，真正意义上的哲学自然观，是从物化自然开始的。因为第一节讨论的神化自然倾向，乃是神话思维方式的产物，是诗意的抒情和想象的结果，哲学家作品中反映的神化自然倾向，只是这种思维方式的传统积淀和惯性延续而已。

所谓"物化自然"，不是说把自然简单等同于现存的具体事物，而是指哲人们冲破了（或力图冲破）把自然神秘化或神祇化的传统观念，褪去自然的神光，从物质性的东西方面去理解和规定自然。显然，从人类思维发展史的角度来看，物化自然的倾向是一种革命性的进步，它标志着从神话母体中诞生了哲学的理性思维方式，尽管它还基本上局限于经验描述的范围，并带着母体的若干痕迹。当然，像任何东西都有两面性一样，这种从总体上优越于神话母体的新型自然观，也失却了母体的些许优点，新添了种种不尽合理或不如人意的成分。

概括地讲,"物化自然"是苏格拉底以前的绝大多数早期希腊哲学家在自然观上的共同倾向。他们的主要特点,是把 phusis 和 arkhee 合一,从探讨万物生成和存在本原的角度来理解自然。"论自然",不仅是他们第一甚至唯一的一个共同话题,也是他们为自己的著作共同的冠名,所以,学术界习惯地把他们称为"自然哲学家"或"自然学家"(单数为 phusikos,多数是 phusikoi)。

然而,只要我们仔细研究,便可以清楚地看出,虽然这批自然哲学家在总的倾向上都是物化自然,但在物化成什么、如何物化、又物化到什么程度等方面,却是有不少差别的。我们大体按照时间的先后顺序,把他们的差别概括为流动自然观、惰性自然观和机械自然观。

一 伊奥尼亚哲人的流动自然观

地处爱琴海东边小亚细亚的伊奥尼亚地区,是古代希腊哲学的诞生地,也是物化自然观的发源地。在这里先后出现的米利都学派和爱非斯学派,开始了西方思想史上第一次对"自然"的真正哲学探讨。这种探讨,按亚里士多德的话说,是以对万物生成、存在和被认识的始点即"本原"问题的追寻方式进行的。换言之,他们追求本原即是探讨自然,追问万物的本原就是求解事物的自然。

关于他们的思路和观点,亚里士多德有过精辟的概括。"在那些最初进行哲学思考的人们中,大多数都认为万物的本原只是质料之类的东西。一切存在着的东西都由它而存在,最初由它生成,在消灭时最终回归于它。实体作为载体而承受各种作用,变化不定，人们说，这就是存在着的东西的元素和本原。正是因为这个缘故，他们认为既没有任何东西生成，也没有任何东西消灭，因为同一本性永远持续着。……其他的东西也是这样，因为某种本性或自然永远存在着，或者是一种，或者多于一种，其他东西都由它们生成，它们自身却保持本性不变。至于这种本原的类属和数量，所有的说法并不相同。"①

米利都学派的创始人泰勒斯（Thalees）认为这种本原是"水"。他之所以作出这样的论断，亚里士多德推测性地提出了两方面的解释。其一，是由于观察基础上的推断。"也许是由于看到万物都由潮湿的东西来滋养。…… 此外也由于，一切事物的种子本性上都是潮湿的，而水是那些潮湿东西本性的本原。"② 其二，是由于神话的影响。"那些距今很久以前的远古时代的人们，在他们最初思考神的问题时，对于本性或自然也持同样的观点。他们把海洋奥克安诺（Okeanos）和泰宗（Teethus）河当作生成的双亲。众神都指水，也就是他们所谓的斯图克斯（Stuks）为誓。……关于自然的这种意见是否是最初的和古老的，可以说并不清楚，不过据说泰勒斯在关于最初原因问题上是这样表示的。"③

泰勒斯的学生阿那克西曼德（Anaksimandros）不满足于其师对自然的理解，因为"水"虽然是流动变化的，但毕竟是具有规定性的特定东西，所以，他用一种无规定性和确定性的东西

---

① 《形而上学》983 b9-21。
② 《形而上学》983 23-28。
③ 《形而上学》983 23-28。

即"无定"（apeiron）取而代之。[①] 根据辛普里丘（Simplicius）的记载，"他说万物的本原和元素是无定。……他说它既不是水也不是另外那些被认为是元素的东西，而是另一类无定的本性或自然，从这里生成了全部的事物及其中包含的各个世界"[②]。"他认为产生不是元素的转化，而是通过永恒的运动把对立物分离出来。"[③] 用这种"无定"说和"分离"说，他具体解释了宇宙、动物和人的生成。"无定"由于是永恒运动的，便从中分离出热和冷、干和湿的对立。"它构成一个火圈，环绕着包围地球的气就像树皮围着树干一样，一旦它炸裂开并进入一定的圆周中时，便产生出太阳、月亮和其他星辰。"[④] 第一批生物从潮湿生成，裹着一层棘皮。人生成于鱼类。

阿那克西曼德的学生阿那克西美尼虽然继承了前者的"无定"学说，但是，他认为，这个"无定"只是无定形和无定量，而不是无定性。所以，他断言万物的本原是无定的"气"。"气"处在不断的运动变化之中。当它处于最平稳的状态时，不为视力所见，但在加热、变冷、潮湿及运动时便呈现出来。万物都因气的变化而生成："气蒸发就生成水，凝结时就变为风，然后形成

[①] 关于阿那克西曼德"无定"的性质，学术界没有也不可能有统一的说法，多数人倾向于是一种物质性的东西。《劳特利奇哲学史》第一卷第二章的作者，剑桥大学的 Malcolm Schofield 认为，"我猜想阿那克西曼德把'阿派朗'设想为超越者（the beyond）：那必定位于我们的时间和空间经验之外，被描绘为无限伸展在它所包围的宇宙界限之外的东西。"（参见该书第一卷《从开端到柏拉图》第 65 页，中译本由冯俊主编，中国人民大学出版社 2003 年），他还进一步认为，这个阿派朗（即 apeiron 的译音）只是"事物的源泉，而不是构成它们的东西。"（同上书第 74 页）

[②] 《古希腊哲学》第 25 页。
[③] 《古希腊哲学》第 27 页。
[④] 同上。

云；再凝结就化为水，继之是土，最后变成石头，从这些事物中生成其余一切。"① 由于气是无形的、无限的、不可测量的、神圣的，他也认为气就是神。他还巧妙地利用 pneuma（音译"普纽玛"）一词的多义性，把外在的气和内在的气联系起来，说明了万物的统一性和有机性。"正如我们的灵魂，作为气维系着我们并控制着我们一样，气息和气也包围着整个世界。"② 因为 pneuma 由动词 pneein 而来，pneein 的基本意思是"呼吸"，所以，作为名词的 pneuma，泛指"气息"。这气息用于生物体，就是维系生命的"灵魂"或"精气"；用于外部世界，就是"风"。后来，斯多亚学派正是利用 peuma 的这种多义性，将其神圣化，作为支配宇宙万物的原始能动力量。

在阿那克西美尼死后不久，米利都城被波斯军队攻破焚毁而不复存在，作为一个哲学派别的米利都学派也随之告终。但是，他们开创的哲学事业，尤其是用永恒运动的物质性东西来说明万物生灭变化根据的流动自然观，却在邻邦爱非斯得到了发扬光大。

爱非斯城的赫拉克利特（Herakleitos）是流动自然观的最大代表人物。他深知"自然惯于掩盖自己"，要理解自然，非常困难。所以，他在继承米利都派有关思想的基础上，选取了两个新的角度来进行探讨：自然是过程，自然是流动与稳定的统一。

第一，自然是过程。黑格尔在讲述赫拉克利特的哲学时，敏锐地抓住了他思想的这个关键。他说："了解自然，就是说把自

---

① 《古希腊哲学》第 31 页。
② 《古希腊哲学》第 34~35 页。

然当作过程来阐明。这就是赫拉克利特的真理,这就是真正的概念。因为对于我们是很明显的,赫拉克利特不能说本质是空气或水之类的东西;因为它们自身(这是首要的)不是过程。而火则是过程;因此他把火认作最初的本质"①。"火"作为过程,首先表现为它在燃烧,也要熄灭。其次表现为火和其他东西的转化,"万物都等换为火,火又等换为万物","火的转化是:首先变成海,海的一半成为土,另一半成为闪光……","火生于土之死,气生于火之死,水生于气之死,土生于水之死"。②

第二,自然是流动与稳定的统一。赫拉克利特特别强调火和万物的永恒流动性,提出了"万物流变,无物常住"的著名命题,并把存在着的东西比作一条河流,声称"人不可能两次踏入同一条河流"。但是,"不稳定性不是赫拉克利特的主要关注"③。他所着力寻求的,是流变过程所遵循的统一而稳定的秩序以及这种秩序的根据。在他看来,稳定的根据是火及火与万物都必须遵守的"逻各斯"(logos)。他说:"这个万物自同的宇宙,既不是任何神,也不是任何人所创造的,它过去是、现在是、将来也是一团永恒的活生生的火,按照一定的分寸燃烧,按照一定的分寸熄灭。"④ 逻各斯永恒存在着,"万物都根据这个逻各斯生成","所以,必须遵守这个共同的东西"。如果听从了这个逻各斯,就可以一致说万物是一,就是智慧。正因为万物的统

---

① 黑格尔著《哲学史讲演录》第一卷第305页,贺麟、王太庆译,商务印书馆1986年。
② 《古希腊哲学》第38页。
③ 《古典思想》第31页。
④ 《古希腊哲学》第37~38页。

一本原是火，而火的变化有章可循，有分寸可依，正因为躲在背后的"逻各斯"是必须遵守的共同规律，所以，无论表面的变化如何翻云覆雨，起支配作用的却是稳定的一。

由于这两个角度和米利都学派相比，要新颖得多、深刻得多，使得赫拉克利特的哲学更具有辩证性、启发性和影响力。按照第欧根尼·拉尔修（Diogenes Lartius）的说法，他的著作《论自然》声名广播，以致招来许多信徒，形成了赫拉克利特学派。

总起来说，流动自然观作为物化自然倾向的第一种表现形式，具有以下主要特点。

首先，他们虽然沿袭了宗教神话探讨万物统一本原的言谈主题和思考方向，但在思维方式上却进行了根本变革。他们不把目光投射到虚构的天国神界，不把自然神化（尤其是赫拉克利特，明确否认神创世界的传统观念），而是着眼于周围世俗的实存世界，在观察和归纳的基础上进行大胆推测，用物质性的东西来解说自然，解说宇宙万物的生成和存在。

其次，他们虽然物化了自然，但并没有僵化自然。在他们那里，无论是水、"无定"、气还是火，都是活生生的，自身永恒动变的，不仅是万物的生成本原，也是万物的动变本原。所以，在他们看来，自然与万物的关系不是造成与被造成的关系，更不是结合与被结合的关系，而是显现与被显现的关系。作为万物的自然本原的东西，是靠其自身的流变和转化，自身显现为万物，并在显现中证明自己。因此，正如亚里士多德所言，他们认为没有任何东西生成和毁灭，因为这样一种"自然"永远持续着，只是显现为不同的东西而已。

最后，他们所理解的自然，都还是经验的、朴素的。"水"

的潮湿滋润,"气"的稀浓聚散,"火"的燃烧熄灭,都带着感性的、诗意的光辉,都是人的感官经验得到的。加上他们缺乏必要的逻辑论证,因而说服力不是很强(古代希腊人的普遍心态想来应该是和我们这些当代人一样的,是要努力追求经验不到的确定"根据","根据"如能被经验,且自身处在永远不停的运动变化之中,就不成其为支撑现象的根据了),相反,容易形成"公说公有理,婆说婆有理"的纷乱局面。这表明,他们的思维深度还不够,既没有深入物的内部去探明究竟,也没深入物的背后去继续追寻(只有赫拉克利特这样做了,虽然只是开了个头[①])。这一弱点,决定了他们的流动自然观必然会被其他观点所取代。

二 元素论者的惰性自然观

伊奥尼亚哲人的流动自然观,尤其是赫拉克利特的思想,受到了巴门尼德的猛烈抨击(巴门尼德的有关见解,我们将在下一节中论述)和芝诺等人的有力诘难。在这种背景下,后来的自然哲学家即元素论者面对已被爱利亚学派尖锐对立起来的"一"与"多"、"静"与"动"、"思想"与"感觉"的关系,进行着艰难的选择。选择的结果,是一种在我们看来的折中性方案:追随物化自然倾向,但添加非物质成分;维护"多"的存在权利,但放弃用"一"(一种本原)说明"多"(多种现象)的传统,改为用"多"(多个本原)说明"多";承认运动的真

[①] 这涉及对他的"逻各斯"性质及其与火的关系的评价问题,这里不赘述,参见拙文《论赫拉克利特哲学的二元论性质及其在希腊哲学中的地位》(《哲学研究》1993 年第 3 期)。

实合理，但否认本原的自身动变；张扬思想的威力，也肯定感觉的作用。

元素论的主要代表人物是恩培多克勒和阿那克萨戈拉（Anaksagoras）。他们两人由于生活地域不同、思想背景不一、志趣爱好相异，在哲学观点和对其他问题的见解上存在着诸多的差异。但是，在本书所论及的自然观方面，他们却有着不少相同之处：都有物化自然的倾向；都认为万物的本原不是单一的，而是众多的；都断言物质性的本原是惰性的，自身无动变能力；都用非物质性的力量作为动变之源等等。

据说恩培多克勒是巴门尼德的敬慕者和朋友，对毕达戈拉斯学派的人也很亲近，但在自然观上，他却更多地追随伊奥尼亚哲人的物化自然传统，用物质性的东西去理解万物的本原或本性。不过，他不是把某一种现存的东西提升为本原，作为其余现存东西的"自然"，而是透过现存物，深入它们内部去找原因，从事物的构成元素中想办法，所以，他是第一位元素论者，也是第一位外因论者。

在恩培多克勒看来，虽然作为现象的万事万物是运动变化、有生有灭的，但是，在自然本性上，它们是没有生灭的，只有结合和分离，合则生，分则灭。"一切有死之物都没有自然的生成，在毁灭性的死亡中也不终止，只有混合及被混合物的交换，生成是由人赐予它的名字。"① 结合和分离的东西，是作为事物本原的永恒的四种元素火、气、水、土，即他所说的"四根"。这四种东西按不同比例结合为一体时，就"由众多变成单一"；

---

① 《古希腊哲学》第116页。

而当它们彼此分离，造成具体的某一事物解体时，就"从单一分为众多"，因此，所谓的事物生灭，实质上就是在合与分的交替中"一"（一个具体事物）和"多"（多种元素）的永恒循环。

但是，他坚定地认为，作为分合基础物的"四根"，本身是无力自动分合的，也就是说，它们自身是惰性的，没有能力靠自身实现分合，从而变成事物。真正使四种元素动变的原因，是存在于它们之外的两种力量，即"友爱"（Philia）和"争吵"（Neikos）："在它们之外，有毁灭性的'争吵'，针锋相对，还有那'友爱'，长宽同一。"所以，"万物一时在'友爱'中结合，变成单一，一时又因'争吵'分散，彼此离异。"①

以四元素和两力量为根据，他较为具体地阐述了宇宙万物的生成变化，特别是提出了虽然幼稚却很有特色的生物进化理论，得到了古人和后人的普遍肯定。

可见，对恩培多克勒的自然观，可以从不同的角度进行不同的定位。多数人的看法，是把他作为元素论者。这一看法的依据，源于亚里士多德。因为亚里士多德曾断言他是第一位宣称作为质料的元素有四种的人。② 本书正是依据这一角度，将他划为物化自然派，并定位为惰性自然观的第一人。但是，如果依据辛普里丘的看法，也可以另外定位。辛普里丘认为："他主张有形体元素在数量上是四种，即火、气、水和土，它们都是永恒的，通过混合和分离发生多寡的变化。但是，它们由之运动的真正本

---

① 《古希腊哲学》第 111 页。
② 《形而上学》985^{a32}。

原乃是'友爱'和'争吵',元素不断进行交替变化,一时由'友爱'而聚合,一时又由'争吵'而分离。所以,按照他的说法,本原在数量上是六个。"① 如果把四元素和两力量等量齐观,合为六本原,那么,就不能简单地把恩培多克勒划入物化自然派,而应将其定位为二重化自然派中的一员,因为"友爱"与"争吵"毕竟不是物质性的东西(尽管他用过"长宽同一"等比喻)。这种可以从两种角度进行两种定位的情形,在阿那克萨戈拉那里同样存在,甚至更明显。

阿那克萨戈拉因为在哲学史上创造的三个"第一次"而名垂青史:第一次把哲学从外邦引入雅典,直接为古代希腊哲学的黄金收获季节播下了智慧的种子,准备了肥沃的土壤;第一次将看不见的物质微粒——"种子"(spermata)引入哲学,结束了用有形的东西作为万物本原的历史;第一次把"理智"(nous)即思想本身扶上哲学王座,促成了后来的哲学革命。

阿那克萨戈拉生于小亚细亚地区,熟悉伊奥尼亚哲人的自然哲学(据说还是阿拉克西美尼的信徒和听众),因而比较自然地承袭了物化自然传统。但是,他也和恩培多克勒一样,从分合的角度来理解万物的生灭。他说:"那些希腊人叫做生成和灭亡,这是不正确的。因为没有什么东西生成,也没有什么东西灭亡,有的只是那些存在着的事物的混合和分离。所以,假如他们把生成称为混合,把灭亡说成分离,那就正确了。"② 不过,在他那里,分合的东西不是有形又有限的"四根",而是无形且无限的

---

① 《古希腊哲学》第 114~115 页。
② 《古希腊哲学》第 143 页。

"种子"。"种子"的无限,主要表现在三个方面:数量和种类无限多,有多少种事物,就有多少类种子;体积无限小,小到只有更小,没有最小,肉眼看不到,只能由思想把握;性质无限定,在开始时,由于是混沌在一起的,干与湿、热与冷、明与暗等等都未分化,是潜在的,因而分辨不出来。亚里士多德及其以后的许多思想家,将这"种子"称为"同素体"(homoiomeree,直译为"相同的部分"),即部分是相同或相似的,且与所构成的整体相同或相似。正因为如此,在一切中有一切的部分。

然而,和恩培多克勒的"四根"一样,在阿那克萨戈拉看来,"种子"自身也是不动的,它们混合在一起,处于一种停滞的静止状态,需要一种完全不同于"种子"的外在力量启动,才能打破僵局,产生旋涡运动,并在旋涡中逐渐分离出来,形成各种具体事物。正如亚里士多德所言,他认为"一切都在一起而且在无限时间内静止着,是理智造成了运动并且分开它们"[①]。这个无限的、自主的、单一的、最精粹也最纯洁的、知晓一切并主宰一切的"理智",作为"种子"和万物运动的原因,是法力无边的。"当理智推动运动时,运动中的一切事物就分开了;理智推动到什么程度,万物就相应地分离到什么程度。"

显然,和恩培多克勒相比,阿那克萨戈拉更注意物质性本原之外的精神动力因的作用,所以我们似乎也更有理由把他的自然观称为"二重化自然观",因为在他那里,"种子"和"理智"确实是两个同样永恒存在的独立本原,离开了哪一个,都很难说明世界万物的存在和生成。

---

① 《物理学》250^{b25-26}。

但是，仅从自然观的角度讲，我认为把他归入物化自然倾向的第二阶段，即惰性自然观更为恰当一些。其理由是，虽然他在说到"理智"时，讲了不少褒扬的话，但在具体论述宇宙万物时，却只让"理智"起最初动因作用，"种子"一旦动起来，分离性的旋涡运动一旦形成，就完全按自身规则运作，不再有"理智"的事情了。这样说的依据，是柏拉图、亚里士多德和辛普里丘三位大师的评述。

柏拉图在《斐多》篇中论及苏格拉底思想的转变时谈到，当苏格拉底听到有人从阿那克萨戈拉的书中读到"理智"是万物的原因和安排者时，非常兴奋，对这个原因学说大加赞赏，但很快就破灭了希望。因为"当我往下读时，发现我的哲学家并没有使用理智，也没有给事物的秩序指出真正的原因，却用气、以太、水及其他许多古怪的东西作为原因"[1]。

亚里士多德在《形而上学》A 卷第四章中也说过类似的话。他认为，虽然阿那克萨戈拉使用过"理智"作为动力因，但"在其他情况下却用其他而不是理智为原因来说明一切事情的发生"[2]。

辛普里丘在其著名的《物理学》中，就苏格拉底对阿那克萨戈拉的责备问题作了这样的批判："《斐多》篇中的苏格拉底非难阿那克萨戈拉，正是因为在说明具体事物的原因时，他并没有用努斯（即"理智"——引者注），而是用物质性的说明，实际上，就是用了一种适合于研究自然的方法……。苏格拉底这样

---

[1] 《古希腊哲学》第 202 页。
[2] 《形而上学》985^{a22-23}。

非难，因为他要证明的是对自然的目的论阐释，而阿那克萨戈拉只用物质因说明，不用目的因说明。"①

从思想发展史的角度讲，恩培多克勒和阿那克萨戈拉的惰性自然观，与巴门尼德以前伊奥尼亚哲人的流动自然观相比，是一个历史的进步。这种进步主要表现在两个方面。其一，探索自然的眼光从事物的外部深入了内部，从事物的整体进展到了事物的构成。其二，理解自然的方式从一本原的自身转化变成多元素的结合分离。要解开万物统一性之谜，无论以哪一种现存东西为本原，靠它自身的简单转化，都是牵强附会的。相反，用多种元素的分合聚散来解释，要合理得多。而且，由于转化的本原自身在变，分合的元素自身不变，以不变应万变比以变应变似乎更能满足人们追求确定性的心理，也更符合自然本性长驻的要求。

但是，惰性自然观的局限性也是显而易见的。由于僵化了自然，把鲜活生动的东西变成了冰冷僵滞的东西，因而无论是恩培多克勒还是阿那克萨戈拉，都不能很好说明从不变到万变的转化，只好在外面去寻找作为动力因的异己力量。这样做的后果，客观上破坏了"自然"统一性，造成了二元对立，违背了寻求统一根据的初衷，导致了自相矛盾。

原子论者在总结流动自然观和惰性自然观得失的基础上，提出了另一种物化自然的解释。

三 原子论者的机械自然观

原子论的奠基人据说是留基波（Leukippos），体系化的代表

---

① 转引自汪子嵩先生等著《希腊哲学史》第一卷第925页，人民出版社1988年。

人物则是德谟克利特（Demokritos）。由于他们本人的原著早已佚失，我们没有办法准确区分两人的观点，只好统称原子论者。

原子论哲学代表了苏格拉底以前早期希腊自然哲学的最高成就。从自然观上看，他们则是物化自然倾向的最大也是最典型的代表。这种典型性，集中表现为他们建立起了系统的、彻底的古代机械自然观体系。贯穿这个体系的基本原则有两条：物质性的"原子"和"虚空"是世界万物的统一本原；必然性是世界万物的生成原因。

在万物本原问题上，对他们影响很大的，除了伊奥尼亚哲人的物质本原传统外，主要是三个人的学说，即巴门尼德的"存在""非存在"理论，恩培多克勒的"元素论"和阿那克萨戈拉的"种子论"。但是，从本质上讲，他们的观点与这些前辈有根本的区别：他们接受了巴门尼德关于"存在""非存在"的说法，但却赋予了完全不同的含义及关系；他们承袭了恩培多克勒和阿那克萨戈拉深入事物内部，从结构角度寻求自然本原的思路，但却坚决放弃了物质性本原僵滞不动、精神性本原启始运动的主张，贯彻了一种彻底的物质一元论。

据辛普里丘记载，留基波曾和巴门尼德一起研究哲学，但在阐明存在物的道路上，却完全相反。巴门尼德主张唯有"存在"真实，且它单一、不动，"非存在"是不存在的。留基波则认为，所谓的"存在"，指"无穷多的永恒运动着的元素，即原子"，"非存在"则指虚空（kenon），因此，存在和非存在"同样存在，它们都是事物生成的原因"，因为"原子的本质是坚实的、充满的"，它要"在虚空中运动"才能生成事物。德谟克利特进一步发展了这种观点，指出了原子的其他一些性质。其一，原子非常微小，不可感知，只有通过聚合，才能产生出能被眼睛和其他感官所感知的事物。其二，原子是同质的，没有性质差别，只在形状、次序和位置上不同，"如 A 和 N 是形状的不同；AN 和 NA 是次序的不同；Z 和 N 则是位置的不同"①。正是这些不同，造成了事物的千差万别。

在万物的生成方式上，原子论者持一种"旋涡碰撞"说。这一点，第欧根尼·拉尔修的记载最为详细。他说，留基波认为"世界是这样生成的：许多具有各种形状的物体（指原子——引者注）由于来自无限的剧烈运动而移入一个大的虚空。它们聚集在一起，形成一个旋涡。在这个旋涡里，物体相互撞击，以各种方式旋转不休，继后开始分离，同类相聚。当它们的数量众多以致于无法均衡地做旋转时，轻的物体就像过了筛似的被抛到周围的虚空，其余的则留在中心，更紧密地结合起来，变成可触摸的东西。它们协调彼此的运动，产生了第一个球形结构。这个结构像一层内中包含着各类物体的外壳，当它们作旋涡运动时，周围的壳由于中部的抵抗变得十分细薄，而相邻的原子由于受到旋涡运动的影响而不断流到一起，这样大地便生成了。原来已经抛向中间的原子就停在那里。包含万物的薄壳自身由于外部物体的吸引也在膨胀；当它在旋涡中运动时，它吸入所有它所碰到的东西。这些物体中的可结合部分构成一个起初十分潮湿和泥泞的组织结构，但随着它们跟整体的旋涡一起旋转，它逐渐变干并成为天体的基础。"②

---

① 以上参见《古希腊哲学》第 155~156、160~161 页。
② 《古希腊哲学》第 162~163 页。

总之，在他们看来，万物都是由于旋涡经过碰撞生成的，并把这称为必然性。正如第欧根尼·拉尔修所说："万物都根据必然生成；因为万物生成的原因是旋涡，德谟克利特称之为必然性。"①

显而易见，原子论者的自然观是物质主义或物理主义的，但是，它既不同于伊奥尼亚哲人感性色彩浓厚的流动自然观，更不同于恩培多克勒和阿那克萨戈拉那种僵死的惰性自然观，而是在综合基础上超越前人的一种崭新的机械自然观。

我之所以明确断言原子论者的自然观是机械性的或机械论的，主要依据有以下五点。

首先，关于原子本性的认识。他们对"原子"本身及其性质的认识就带着鲜明的机械论特色。所谓"原子"，是希腊文形容词 atomos 加冠词而名词化后的意译，直译为"不可分割（切割）的东西"。"分割"或"切割"，总与刀、镰、斧、锯之类的器械联系在一起，所以，英译 atomos 时，对应的是 uncut, unmown。② 连刀劈斧剁都不可分割的东西，其性质当然是"坚硬的""充实的""不能打碎的"，也是"细小的、无部分的"。对作为万物本原的东西进行这种冷冰冰的修饰，在原子论以前是没有过的。

其次，关于事物生成方式的认识。米利都学派和赫拉克利特提出的生成方式是单一本原自身的流动转化。恩培多克勒和阿那克萨戈拉主张的生成方式是在外部动力因作用下不同性质元素或"种子"的混合或结合。德谟克利特的"原子"不一样，它们虽然是众多的，但又是同质的，虽然是能动的，但又是不能转化

---

① 《古希腊哲学》第 163 页。
② 参见 A Greek - English Lexicon, p. 271。

的，所以，以这种原子为本原的事物，其生成方式就不能是"转化"，也不能是"混合"，只能因"撞击"而"旋涡"，因"旋涡"而"聚集"。这种坚硬得不可分的撞击，结果只能是靠奇形怪状而绞连在一起。"它们有的呈角状，有的带钩状，有的凹陷，有的凸起，确实是千姿百态，各不相同。由此他认为它们互相靠拢，聚在一起，直到某时一种奇怪的必然性由四周进入，摇撼它们，将它扯散。""撞击""摇撼""扯散"等字眼，当然是机械性作用。正如《劳特利奇哲学史》（十卷本）第一卷《从开端到柏拉图》的主编、牛津大学的 C. C. W. Taylor 所说："对原子论者来说，一切事物都出于必然性而发生。把必然性等同于碰撞和运动的机械力量，这应该是出于德谟克利特。"①

再次，关于运动本性的认识。古人的记载大都断言，原子论者理解的运动就是机械运动。艾修斯说："德谟克利特认为只有一类运动，即由于震动而引起的运动。"② 亚历山德罗断言："留基波和德谟克利特说原子由于互相碰撞和打击而运动。"③ 亚里士多德一方面批评他们没有说明运动的原因、种类及"它们合乎自然的运动是什么"等问题，④ 另一方面也肯定他们认为原子在虚空中运动。而按亚里士多德本人的区分，在虚空即地点方面的运动是位置移动，无疑属于机械运动。

第四，关于生命本质的认识。众所周知，生命的本质是灵

---

① 见该书中译本第259页（C. C. W. Taylor、韩东晖等译，中国人民大学出版社2003年）。
② 参见《古希腊哲学》第165页。
③ 同上。
④ 见《形而上学》985 $^{b21-22}$，1071 $^{b34-35}$；《论天》300 ^{b10} 等处。

魂。原子论者对于灵魂的看法，典型体现了其机械自然观特点。按亚里士多德等人的记载，他们认为灵魂也是一种原子，与构成其他事物的原子没有本质的区别，唯一不同的地方只在于形状：灵魂是一种最为精致光滑的球形原子。这种球形原子最容易运动，最为活跃，因而包括石头在内的一切事物都有灵魂。依据这种观点，德谟克利特解释了生命和呼吸的关系："他认为，作为球形微粒的基本形状，灵魂和热是同一的。所以，他声称当这些微粒被周围的空气挤压到一起后，呼吸就插进来帮助它们。在空气中存在着大量的这种微粒，他将其称为心灵或灵魂。当人们呼吸时，空气便渗透进来，这些微粒也随之进入，由于抵消了周围空气的压力，这样就防止了存在于动物之中的灵魂分离。因此，生和死就在于吸气和呼气；……他认为，死亡乃是由于四周空气的压力致使这种形状的微粒从躯体中离异。"[①] 这样，生命就成了球形原子的一种机械运动。

第五，关于感觉产生的认识。这方面，古人的记载很多，看法也最为相同：原子论者完全用机械运动来解释感觉乃至思想的产生。亚里士多德说："他们认为所有的感觉对象都是触觉对象。"[②] 艾修斯指出，在他们看来，"如果没有影像撞击，那么，任何人都不可能有感觉和思想"[③]。塞奥弗拉斯托断言德谟克利特对视觉的看法很独特，"他认为影像不是在瞳孔中产生的，而是眼睛与视觉对象之间的空气被视者和可见物压紧而打上的印

---

① 《论呼吸》472^{a51-16}。
② 《论感觉及其对象》442^{b1}。
③ 《古希腊哲学》第166页。

记"①。

从上面的简单分析可以看出，原子论者完全是用物质性原子及其机械运动来说明万物的统一和生成的，排除了任何精神的、神秘的因素，通篇充满着"坚硬""撞击""旋涡""接触"等机械性语词。对于这一点，英国哲学家罗素（Bertrand Russell）概括得非常简练和精辟："原子论者问的是机械论的问题而且作出了机械论的答案。"②

这种机械自然观，从一般思想发展史的角度看，无疑有着多方面的积极意义。它不仅很好地坚持了彻底的理性主义立场，把物化自然倾向推到了极致，根本排除了神化自然的任何可能性，也不仅克服了惰性自然观的很多理论遗缺，而且从本质上讲，能一脉相承地通往近代自然观。正如罗素所说，"事实上，原子论者的理论要比古代所曾提出过的任何其他理论，都更近于近代科学的理论"③。

然而，从古代希腊自然观的发展史来看，这种机械自然观留下的遗憾更多，也更严重。它把具有无限多样性的宇宙万物的丰富内涵和全部根据极其简单地彻底归结为原子在虚空中必然的撞击运动，势必抛弃很多极其宝贵的前人见解，势必造成不少牵强附会的解释，也势必招致别人的不满和自己的走向反面（德谟克利特本人就发出过类似不可知论的感叹，感慨"我们实际上并不知道什么"）。

---

① 《古希腊哲学》第166页。
② 罗素著《西方哲学史》上卷第100页，何兆武、李约瑟译，商务印书馆1963年。
③ 《西方哲学史》上卷第99页。

概括而言，原子论者自然观的遗憾主要集中在改变了希腊人自然观中的一些固有观念，把"生""长"变成"撞击"，把有机变成无机，把活的目的性变成死的必然性，简言之，把活生生、暖洋洋的生命变成赤裸裸、冷冰冰的机械。作为自然科学家，他们这样做或许是深刻的、成功的，但作为自然哲学家，却应该是肤浅的、失败的。

可以说，原子论者的结论和结局，是整个早期哲学中物化自然观念的逻辑发展的必然结果。既要坚持从经验现象入手，又要坚持用有形的物质性东西作为本原，来解释万物的自然或本性，最终只能得出如此结论。面对物化自然派的种种问题和困境，另一些哲学家则另辟蹊径，开始了对自然的另一种思考。

第三节

二重化自然

前面第一、二节论述过的神化自然观和物化自然观,虽然哲学家们对"自然"含义的理解根本不同,但大体上都遵循了"一体化"自然的思路,即对宇宙万物的"自然"只作一种解释,"本性"和"本原"基本上是同义的,事物所由生成的东西也就是存在所依的东西,区别只在于,这东西要么是神,要么是物。

本节所要讨论的所谓"二重化自然",则是对万物的"自然"含义作两种解释,把"本性"和"本原"分开。对自然的这种二重化理解倾向,肇始于巴门尼德,成熟于柏拉图。

一 巴门尼德的两条道路说:二重化自然的开始

巴门尼德和他的前辈及同辈人一样,集中专注于自然的研究,写下了《论自然》的长诗,也接受并沿用了别人(尤其是毕达戈拉斯学派和赫拉克利特)使用的一系列主要概念,如"本性"与"本原"、"存在"与"非存在"、"一"与"多"、

"动"与"静"、"感觉"与"思想"等等。但是,他的切入角度和理论目的却与别人很不相同。他不是想方设法把这些概念及其所表现的内容联系起来,沟通起来,用"本原"表示"本性",用"存在"统一"非存在",用"一"理解"多",用"静"(或"动")说明"动",而是反其道而行之,竭力把它们分割开来,对立起来,使它们各处一域,各行其道,然后加以分别说明。

巴门尼德的这种企图,体现在他提出的"两条道路"学说上。在长诗一开头,他就借女神之口开宗明义地亮出观点:"来吧,我将告诉你,请你倾听并牢记心底,只有哪些研究途径是可以思想的:一条是存在而不能不存在,这是确信的途径,与真理同行;另一条是非存在而决不是存在,我要告诉你,此路不通。"①

循着"存在存在"这条真理之路,他经过深入研究,通过改造克塞诺芬的一神论思想,得出了前无古人的以下重要结论。

首先,"存在"是唯一的,是连续、完整而不可分的"一","整个完全相同",且"充盈一切"。

其次,"存在"是永恒的,"无生无灭","无始无终","整个地在现在"。

其三,"存在"是不动的,"被局限在巨大的锁链里静止不动","保持着自身同一,居留在同一个地方","完满自足无所需求"。

其四,"存在"是思想的对象。思想所思的是存在,存在也

---

① 《古希腊哲学》第93页。

只能由思想把握，所以，"作为思想和作为存在是一回事情"。要理解存在，"不要屈从于来自众人的经验习惯"，"以你茫然的眼睛、轰鸣的耳朵和舌头为准绳，而要用理智把有关的争辩判明"。

按照"女神"给他发出的"你应当通晓一切事件"的指示，巴门尼德在确立了"存在"这个"圆满真理不可动摇的核心"之后，又把"常人意见"的"事理端详"，就此发表了他关于万物起始的不少看法。根据辛普里丘的记载，"他自己把光明和黑暗的主要对立看作是生成的事物的本原，他称其为火或土、浓厚或稀薄、相同或相异"。[1] 艾修斯记载得更为具体："巴门尼德说，存在着两个相互缠绕着的圆环，一个由稀薄组成，一个由稠密制造；在光明和黑暗之间还有光明混合着黑暗。他说，那如同城墙一般包围着所有圆环的东西，在本性上是坚固的，在它下面是一个火环。在这些混合环最中央是它们全体生成和运动的最高原因，他称之为主宰一切的女神，天阍钥匙的执掌者，正义女神和命运女神。他说，大气因地上强大的压力而被汽化，从而与地球分隔开来；太阳是火的蒸发。银河圈也是如此。月亮混合了气和火。以太在最外层包围着一切；靠近以太的是我们称之为天的有火事物；最后才是地的区域。"[2]

"存在"和"非存在"、"本性"和"本原"、"真理之路"和"意见之路"，这就是巴门尼德对"自然"的二重化理解。在"真理"的意义上，自然就是本性，即那个唯一、永恒、连续、

---

[1] 《古希腊哲学》第97页。
[2] 《古希腊哲学》第99页。

不动、完满、自足，只能被思想所把握的存在。但在"意见"的意义上，自然则是万物生成的本原，它们自身能动、彼此对立，从而形成万物。就是在这后一重意义上，亚里士多德判定巴门尼德主张对立是本原。

当然，这两重意义的"自然"，在他心目中的地位是极不相等的。他关注的重点，是真理意义的自然，是要人们放弃对自然的"本原"追问和经验理解，转向对"本性"的思辨把握。至于意见意义上的本原性自然，他是迫不得已才发表的意见。对他这种被动处境，古人们觉察到了，并给予了一定同情。亚里士多德说："他被迫着追随现象，于是就主张在原理上它是一，在感觉上它是多。"① 塞奥弗拉斯托指出，"根据多数人的意见，为了说明现象的生成，他认定本原有两种"②。辛普里丘甚至引用了一句"他严正声明"似的话："现在我将结束关于真理的可靠言谈和思想；接着来了解常人们的信念，且听我一系列欺人之谈！"③

巴门尼德所建立的上述自然观，在希腊自然观发展史上具有里程碑性的重要意义，因为它标志着自然观念的第二次革命的开始。革命的内容，包括观念和方法两个方面。第一次革命，由前述的伊奥尼亚哲人发起，将"神化自然"变为"物化自然"，相应地将诗意的想象抒情方法变成经验的观察描述方法，实现了从"神化自然观"到"经验自然观"的转化。第二次革命，则由巴门尼德发起，将"物化自然"变成"概念化自然"，把"本原"

---

① 《形而上学》987^{a1}。
② 《古希腊哲学》第97页。
③ 同上。

自然变成"本性"自然，使"现象"自然变成"实体"自然，也相应地将经验的观察描述方法变成逻辑的分析论证方法，引导了从"经验自然观"向"思辨自然观"的转化。

"是"（to einal）或"存在"不是精神或思想，更不是物质，只是各种事物现象所具有的最一般、最简单，也是最共同的属性。把这个人们见惯不惊的属性抽象出来，作为事物的"自然"或本性，应该说是合理的。因为无论是自然现象还是社会现象、思维现象，都首先具有"是"的特性；也无论这些现象如何种类繁多，如何生灭变化，"是"作为它们的共同属性，总是唯一的、永恒的、不动不变的。虽然 einal 还只是表示肯定的一个系词，它的中性分词 to on 才是实在化的肯定（巴门尼德多用 to einal，亚里士多德多用 to on），但它毕竟是肯定。所以，把它作为流变现象背后的根据，也符合人们普遍的求稳心理。

正因为"是"不是既成的某种东西，而是思想对肯定属性的抽象，所以，它是无法靠感觉经验把握的。也正因为对"是"感觉不到或感觉不准，所以无法用伊奥尼亚哲人的那套经验描述方法来说明。这样，逻辑论证方法的使用就成为必然。这种方法论上的变革，对哲学发展的贡献更为重大，因为从以巴门尼德为代表的爱利亚学派开始，逻辑论证方法就成了整个西方哲学的根本方法。虽然巴门尼德本人在初创这种方法时，还很不成熟，更不系统，常常穿插着抒情、比喻、描述等传统方法，但他毕竟首先使用了新方法，这是最为重要的。

二重化自然观念的产生，不是完全的无中生有，前面的哲人有过铺垫。例如，赫拉克利特在肯定万物的本原是"火"的同时对"逻各斯"作用的强调（"万物都根据逻各斯生成"），克塞诺芬在鼓吹一神论思想的同时对万物本原的关注（"有生成和生长的一切东西都是土和水"，"我们全都由土和水生成"①），都在一定程度上给这种观念奠定了基础。

经过巴门尼德义子和学生芝诺（Zenon）的强有力的论证，"一"与"多"、"静"与"动"的对立愈益尖锐，"二重化自然"的倾向愈益明显，其影响也愈益深远。前述的恩培多克勒和阿那克萨戈拉之所以提出"惰性自然"观，在不动的"四根"和"种子"之外添加能动的"友爱"、"争吵"和"理智"，其根本原因之一，正是受了巴门尼德的影响，虽然他们仍是在"本原即本性"的模式中思考问题。受他影响最深的人是柏拉图，而柏拉图又是直接从苏格拉底出发的。

二　苏格拉底的转向：从外物本原到内在本性

关于苏格拉底（Sokrates）哲学的地位和意义，学术界基本一致的看法是：苏格拉底在智者运动启蒙的基础上，把哲学从天上拉回人间，从外物移往人事，从而实现了哲学研究对象和目的的全新转向。一般地说，这种看法是有道理的，但从自然观发展史的角度看，还存在着一定的片面性。因为第一，他的转向不是要根本放弃对事物"自然"（"本性"）的研究，而恰恰是通过对自然的重新解释，为其寻求稳固的基础。第二，他的转向带有无可奈何性。据他对贝克讲，他的遗憾是没有人找到万物的真正本性，"如果有人教导这类原因的本性，我将很高兴地做他的学

---

① 《古希腊哲学》第88页。

生"①。第三，他的转向，也不是全新的，而是巴门尼德肇始的自然观二次革命的继续——巴门尼德区分出自然的二重含义，并强调"本性"自然，轻视"本原"自然；苏格拉底则更进一步，专注"本性"自然，消解"本原"自然。

苏格拉底的哲学转向是从对以"物化自然"观为代表的传统自然哲学的无情批判开始的。根据他的学生克塞诺封和柏拉图的有关记载，他的批判集中在几个方面。

首先，指责他们没有弄清楚哲学家的任务，"把无视人类的事务、专注天上的事情看作他们的职责"。

其次，批评他们过于轻率和自信，"看不到人类是解决不了这些问题的"。所以，"即使最大的思想家对这些问题彼此亦无共同的见解，而是像疯子般在互相争执。……有些人主张存在是单一的，有些人却认为它在数量上无限；有些人认为万物永恒运动，有些人认为在任何时候都没有事物运动；有些人认为万物是生成的，要灭亡，有些人则认为没有什么事物生成，也没有什么事物灭亡"。

再次，质问他们的研究带不来益处。"研究人类本性的人相信他们会以适当的方式应用知识，为他们自己及他们所愿意的人带来益处。而研究天体现象的人是以为一旦认识到天体现象生成的规律，他们就会随意制造出风、水、季节及其他他们所需要的东西呢，还是他们根本就没有这样的愿望，而仅以知道这些现象产生的原因满足？"②

---

① 《古希腊哲学》第202页。
② 以上均见《古希腊哲学》第198页。

最后，埋怨他们没有找到事物的真正原因。这些自然哲学家，多用物质性的东西来解说万物，即使是宣称"理智"为万物原因的阿那克萨戈拉，实质上也把气、以太、水等东西作为原因。这种情形，令他大失所望。"他们从不寻求把事物像现在这样安排得最好的力量"，从未思考过"真正包含万物并将它们联在一起的善"。①

既然自然哲学家们靠经验描述和本原追寻无法找到事物的真正原因，他就"去进行推理，在推理中寻找存在物的真理"②。他的"推理"，就是所谓的"精神助产术"，即"问答法"；而他经过推理找到的"真理"，就是"真正包含万物并将它们联在一起的善"。显然，这个"善"已经不是物化自然观的哲人们所理解的外物本原意义上的自然，而是巴门尼德主张的内在本性意义上的自然，并且，已经具有了目的论的色彩。

所以，在苏格拉底看来，对"自然"的探求，首要的不是对"天上事物"生成本原众说纷纭的简单猜测，而是对人本身以及社会领域存在本性踏实执着的深入追问；不是用水、气、火、"四根"、"种子"、"原子"等等去解说万物的统一，而是用"善"（或"至善"）去理解万物的本性及其全部活动的原因。虽然善表现为人的德性、社会的公正、世界的秩序，但善本身却是它自身，即永恒的、唯一的、确定不一的普遍本性和目的，一切都在追求它，都为实现它。

通过苏格拉底的批判和转向，作为"外物本原"的自然被

---

① 《古希腊哲学》第202页。
② 《古希腊哲学》第203页。

他彻底消除了,但作为"内在本性"的自然却被他集中凸现出来。巴门尼德的二重自然,在他这里实际上又变成为一重。但是,"外物本原"问题不是想消解就真的能消解得了的,苏格拉底不愿意研究这个问题并不等于该问题根本不存在,因为外物真真切切地存在着,且在不停地生灭变化着,只要哲学还存在,还在研究探索,就不能无视外物,就得对它们有个说法。巴门尼德明白这一点,柏拉图更加明白这一点。因此,当柏拉图在苏格拉底思想基础上再往前走时,他就发展了巴门尼德的二重化自然思路,在"本性"与"本原"的双重意义上理解自然。

三 柏拉图的理念论:探讨事物依据的"本性"

作为西方哲学史上第一个给我们留下庞大思想体系的哲学巨匠,柏拉图(Platon)不满足于对"自然"作片面理解。他虽然反对早期的自然哲学家们"物化自然"的简单做法,主要继承巴门尼德和苏格拉底探寻万物内在本性的思想,追问 ousia 意义上的"自然",但是,他并不是简单粗暴地把本原问题的追寻斥为"意见之路",更不是将其消解,置之不理,而是予以分别考察(尽管关注的重点是本性意义上的自然),得出两种结论。

面对瞬息万变、五彩缤纷、生动鲜活的大千世界,柏拉图首先想到的,不是急着去追踪它们最初产生"所源"和最终灭亡"所归"的那个本原,而是去探讨它们为什么存在的根据,何以如此的本性,即循着苏格拉底开辟的思路,在变动中追求不变,在暂时中寻找永恒,在特殊中探索普遍,在相对中求解绝对。

这种不变的、永恒的、普遍的、绝对的事物本性,他叫作

idea 或 eidos（idea 用得更多一些），即汉语通常译成的"理念"①。idea 和 eidos 都源于动词 idein。idein 的意思是"看"，所以，idea 直译即为"看见的东西"。"看见的东西"可分为两类，一是用肉体之眼所见的感性之物，二是用灵魂之"眼"所见的、虽与感性事物同名却与之分离存在的东西。在柏拉图那里，idea 指的是后一类东西，即"……自身"（auto），如"美自身""善自身""大自身""小自身"等等。按他在《斐多》篇、《国家》篇等对话中的叙述，具体的美、善等感性事物与它们同名的 idea 之间主要有以下五点区别：具体物是合成的、众多的，idea 则是自身同一的、单一的；具体物是常变的，idea 则是不变的；具体物是可以感知的，idea 则不能感知，只能由理智把握；具体物是不纯的，idea 则是纯粹的，是它自身；具体物是生灭的，idea 则是永恒的。

虽然具体事物与 idea 彼此不同，但绝非截然无关。它们的关系是：idea 是具体物的存在根据，具体物因"分有"或"摹仿"idea 而存在。譬如，一位亭亭玉立的少女、一幅赏心悦目的图画、一道风景秀丽的山川，它们之所以美，就在于分有或摹仿了"美"的 idea。正因为如此，我们要获得对于"美"的确切知识，就只有认识美自身即美的 idea，如果盯住那少女、图画或山川，得到的只是意见。

这就是柏拉图对事物"自然"的根本回答，即从"本性"意义上去理解"自然"。虽然他在思想发展的不同时期，对 idea

---

① 笔者并不认为这个译名就最为准确，只因约定俗成而沿用。比较而言，我更倾向于用陈康先生主张的"相"。

的特性有并不完全相同的表述，但上述的基本见解，却是大体一致的和始终坚持的。而这种见解，显然是巴门尼德"存在"论的翻版，实质性的区别只在于三点。

一是"存在"唯一而 idea 众多，有多少类具体事物就有多少个同名的 idea，只是相对于同名的杂多感性物而言，该类 idea 才是"单一"的。

二是巴门尼德完全否认感觉的作用并把感性物斥为"非存在"，柏拉图则承认感觉有启发人回忆 idea 的作用，并认为感性物也是"存在"的，只是没有实在性而已。

三是巴门尼德的"存在"非先验而柏拉图的 idea 先验。虽然 idea 不是思想本身，也不是主观概念，而是客观实在，但这种客观实在，不是现存于客观世界的经验事物，也不是处于经验事物之中的客观本性，而是经过思维抽象出来且分离出来的另一种先于经验事物而独立存在的客观概念。为了突出这种客观概念的地位和作用，他还沿袭了传统的惯用手法，将其神秘化。他认为，idea 是纯粹的、高贵的，和灵魂一起居于神秘的神圣之所，只是因为灵魂堕入肉体被玷污，将其遗忘了，只有经过训练和启发，才能回忆起来。所以，"学习就是回忆"。

经过一系列的理论论证和诗意比喻（其中最著名的是三个，即"日喻"、"线喻"和"洞喻"），柏拉图最终确立了"理念"作为事物依据的本性地位，把自然观的探讨完完全全地从前人的经验层面推进到了自己的先验层面。但是，由于他过分强调了这种本性与现象的区别，划分出了根本不同、截然分离的两个世界，即理念世界和事物世界，所以，不仅把理念抬到了高处不胜寒的孤寡地位，也使他自己陷入了难以自圆其说的困难处境。当他在后期的《巴门尼德》篇中冷静下来思考理念与事物的关系时，便面临一系列问题：理念普遍性与高贵性的矛盾；"分有说"不能成立；"摹仿说"会导致无穷倒退等等。这些问题如果不能得到很好解决，将直接导致两个十分严重的可怕结论：我们不能获得关于理念的任何知识；神不是我们的主人，不知道也不涉及我们或这个世界的任何事情。柏拉图不愿也不敢接受这两个结论，但又不想放弃自己苦苦建立起来的两个世界原则，于是采取了小修小补的办法，在理念世界的内部关系上大作文章，试图通过理念之间的沟通来实现两个世界之间的沟通。他的这些努力，虽然在客观上深化了概念辩证法的研究，对认识论和逻辑学的发展贡献不小，但从自然观的角度讲，却是徒劳的，丝毫无助于理念与事物关系的处理。在"实体论"道路上无法解决本性与现象关系的前提下，无可奈何的柏拉图不得不把目光投向苏格拉底放弃了的宇宙论，从本原意义上去理解事物的自然，并借助这个角度来解决困扰他的理念与事物的关系问题。

四 柏拉图的宇宙论：追寻事物起源的"本原"

柏拉图的宇宙论思想，主要是在他晚年所写的一部重要对话《蒂迈欧篇》中得以系统阐述的。正是在这篇复杂难读而又影响巨大的对话里，柏拉图以他的理念论基本原理为依据，在全面总结前人"神化自然"精神实质的基础上，提出了自己特色鲜明的宇宙生成理论，集中论述了"本原"意义上的自然学说。

在对话开篇不久，柏拉图就借蒂迈欧之口，以自问自答的方式，提出并肯定了三个前提。第一，整个"宇宙"（kosmos）或世界是始终存在没有生成的还是从某个起点开始生成的？他认为是生成的。第二,既然宇宙是生成的,原因是什么(因为凡生成之物必有生成的原因)?他认为是创造者或制造者,要发现"他"非常困难,即使发现了,也不可能告诉别人。第三,宇宙的创制者以什么东西为范型创制世界?以自我等同、永远同一的东西还是以生灭不休的东西?他断言,必定以永恒而完美的东西为范型,因为创制者都是善良的,而世界又是他最完美的创造物。①

宇宙的创制者,他称为 Demiourgos(音译"得穆革",直译"工匠")、"神"或"父亲"。这位"父亲"善良无比,毫无嫉妒,因而将混乱无序的东西安排得秩序井然,并将"理智"放入"灵魂",将"灵魂"置入"躯体",意欲把整个宇宙造成一个有理智和灵魂的生物,并像"他"自己一样只善无恶。创制者所依照的范型,是有理智、有生命的整体,即理念的集合体②。正因为范型有理智和生命,作为范型摹本的宇宙万物才会在理智的支配下生机盎然、和谐有序。

但是,创制者和范型只是宇宙生成的最高原则和根本原因,而不是生成所需的全部条件。创制者要制造出宇宙万物来,除以理念为范型外,还需两个条件,一是"材料",二是"场所",所以,它们也是永恒的。

所谓"材料",柏拉图视为一种原始混沌的东西,它无形无性,什么也不是,只是客观存在者。创制者为何及如何以它为材料创制事物呢?按他在《蒂迈欧篇》$31^B - 32^C$的解释,大体是

---

① 参见《蒂迈欧篇》$28^B - 29^A$。
② 关于"范型"是否是理念的问题,学术界有不同看法,但一般持肯定态度。

这样的：宇宙万物是可视可触的有形物，但如若无火，则无物可见，如若无土，则无物可触，于是，创制者就借原始混沌物创制出"火"与"土"来；然而，火、土处在两个极端，如无中介联结，就没法结合，所以，创制者又凭混沌物造出"气"和"水"；有了这四种元素按比例的结合，万物就被完美地创制出来了。由于这四种元素处在不断的变化过程中，因此只是"如此这般"的性质和状态，不是"这个"或"那个"东西，不具有本原或实体性。

正如工匠有图纸和材料，还得在工棚（或其他地点）中才能造出物品一样，宇宙的创制者在创世时，也需要"工棚"，这就是"场所"（khora）或者"受器"（hupodokhe）。这个"场所"，是接受四种元素在其中生成、出现和消灭的东西，犹如母亲（范型则似父亲）。

由此可见，在柏拉图的宇宙论中，作为万物本原意义上的"自然"的，有四种东西，即"工匠"、"理念"、"原始物"和"场所"。这四种东西同样永恒而客观地存在着，共同造成了感性事物，并使它们具有目的。当然，四者各自扮演的角色不同。按亚里士多德后来的分法，"神"相当于"动力因"，"理念"则是"形式因"（"理念"和"形式"本就是一个词，即 eidos。这两个词无论在柏拉图那里，还是在亚里士多德那里，都是混着用的，只是后来的教科书中才把两者截然分开），"原始物"和"场所"类似于"质料因"（虽然按陈康先生所说，"质料概念是首先由亚里士多德引进哲学的"[①]）。黑格尔也承认，"柏拉图

---

① 汪子嵩、王太庆编《陈康：论希腊哲学》第421页，商务印书馆1990年。

似乎是把神只当作 demiourgos，即物质的整理者，而把物质认作永恒的、独立的、为神所发现的一团混沌"[1]。

我们没有必要再跟随柏拉图去叙述他对宇宙生成过程详细而神秘、晦涩的论述。仅从他对万物本原的上述见解就可以看出，他确实提出了与传统不同但又有密切联系的本原学说，带有明显的综合性质。他的神虽然不同于宗教神话中的神（因为按照柏拉图的说法，天上诸神也是该神所造，而且这个神也基本上不是拟人化的，更没有传统希腊神话中诸神祇的那些毛病），实质上是理性神、哲学神，但毕竟带有受宗教神话影响的浓厚痕迹，因而能受到基督教神学的倍加重视。他的"原始物"显然不同于"物化自然"派哲人的水、气、火、"种子"或"原子"，是没有规定性的混沌（也不同于阿拉克西曼德的"无定"，因为阿氏的"无定"实质上有规定性，只是无确切名称而已），但同样明显的是，他在讨论四元素的性质、关系及其衍生万物时，又参考了他们的看法。他的宇宙比例结构说不同于毕达哥拉斯学派的数目比例论和德谟克利特的原子结合论，但也显然受到了他们的启发。一句话，他把阿那克萨戈拉的"理智"学说发扬光大了，建立起苏格拉底梦寐以求的第二种自然观，遂了其师的夙愿。

柏拉图的二重化自然观，对亚里士多德触动很大，影响很深。一方面，亚里士多德看到了柏拉图把世界二分、"自然"二重的根本错误和艰难处境，并毫无情面地对此进行了尖锐而又深入的批判，力图还"二分"与"二重"为一体，重识自然真面目，将被肢解了和践踏了的"自然"拯救出来，建立新的自然

---

[1] 《哲学史演讲录》第二卷第 225~226 页。

观。但另一方面,他在拯救自然的过程中,又实实在在地从柏拉图那里继承下来了不少东西(当然,或许是由于多种复杂的原因,他在自己的作品中没有明确承认这一点),并糅合进自己的体系之中。我们可以肯定地说,他对"自然"含义的多种规定,"自然实体论"和"自然所为(目的)论"的提出,都不同程度地包含柏拉图本原学说的部分内容,虽然不是原封不动地照搬,而是经过认真改造了的批判性继承。

第三章

批判与建设

第三章 批判与建设

前辈思想家们在自然观上的众说纷纭和暴露出来的种种弊端，对亚里士多德另辟蹊径，建立自己新的自然观提出了客观要求，同时也提供了多方面的思想背景和丰富的精神养料。正是在对以前思想家的观点进行系统清理、深刻批判的基础上，在对"科学"（"知识"）进行理性界定和全面分类的过程中，亚里士多德完成了他"拯救自然"这一系统工程的第一项任务——为自然观合理的定位，并为该工程的第二项（对"自然"含义的重新清理）和第三项（提出自然观的三大核心内容，即"自然所为论"、"自然动因论"和"自然实体论"作为建构自然哲学大厦的三大理论支柱）任务的完成奠定了坚实的基础。

在全书中，本章属于承前启后的过渡性环节，冠以"批判与建设"为题，是想先介绍他为拯救自然所做的第一项工作，即在批判前人自然观的基础之上，通过他自己创造的知识分类，给自然观的研究对象、范围等问题以准确的定位。

第一节

对前人自然观的批判

在正面阐述自己对每一个重要问题的看法之前，先对前人们的有关思想进行认真回顾、系统总结和客观批判，这是亚里士多德作为古希腊哲学集大成者在探讨哲学问题时的一个非常鲜明的方法论特点（我将其称为"历史批判法"）。在讨论自然哲学的有关问题时，他更是坚决贯彻了这一根本的方法论原则。

对前人自然观有关思想的批判，散见于他的《物理学》《形而上学》《论天》《论生成和消灭》《论灵魂》等几乎所有的哲学著作中。而且，在讨论不同的问题时，针对不同人的不同观点，他有不同的具体评论，批判的角度和重点也很不相同。限于篇幅（也没有必要），我们不一一列数他在一些较为具体的问题上的批判，只概要性地予以综述。①

总的看来，他对前人自然观的清理和批判，是以他自己总结

---

① 亚里士多德对前人，尤其是对前苏格拉底哲学家自然观的批判，宋洁人教授曾作过系统的梳理和认真研究。读者如有兴趣，可参阅宋洁人所著《亚里士多德与希腊早期自然哲学》一书（人民出版社1995年）。

概括出来的事物生成和存在的四种根本原因，即"质料因"（to eks hou gignetai）、"形式因"（to ti een einai）、"动力因"（hee arkhee tees metabolees）和"所为因"（to hou heneka）为标准或尺度去进行的。①

在前人关于自然的各种看法中，最令亚里士多德不满意的地方主要有以下四点。

一 思路不清，说法含混

在亚里士多德看来，虽然前人从不同的角度在努力探讨事物的本原和原因问题，但由于没有对知识进行认真的正面分类，没有真正认识事物的"是什么"和"为什么"，因而显得随意、莽撞、含混不清。"他们所做的，像那些未经训练的士兵，他们在战斗中横冲乱撞，也曾多次冲锋陷阵，命中要害，但缺乏确切知识。这些人似乎也不知道自己说的是什么，因为可以说他们几乎不或者很少使用它们。"② 他们关于本原和原因的说法虽然五花八门，但"还没有超出我们在物理学中的讨论而说出什么东西。

---

① 至于为什么亚里士多德要以《物理学》第二卷提出的"四因论"，而不是以该书第一卷首先阐述的"本原论"（即质料形式学说）为原则去总结和梳理哲学史，就我所知，国内外学术界似乎没有人专门深入地研究这个问题。我个人认为，可能有以下几方面的原因。第一，与探讨事物"从何出"（本原）相比，他更重视事物生成和存在的根据与条件（原因），因为后者的角度更为全面些。第二，对本原的探讨更多属静态剖析，对原因的追寻更多是动态把握，而从亚氏整个哲学倾向看，他更钟情于动态把握。第三，从原因角度去透视前人思想，要比从本原角度更容易发现前人的缺陷，从而更能显示出他的创新之处。当然，这两个角度本身也有内在联系，因为照亚氏的说法，形式、动力和所为这三因可以合一。

② 《形而上学》985 a15-19。

而所有的人，看起来都是对那些的模糊推断"①。尽管"所有的人都在寻求我们曾在物理学中讲到的那些原因，并且在此之外，我们不可能说出任何其他的原因。但他们仅仅是在不明确地寻求，在某种意义上这些原因他们全都说过了，而在另一种意义上他们干脆什么也没说到。因为最初的哲学由于幼稚和刚刚起步对于一切都含糊其辞"②。

这里所谓的"某种意义"，显然指前人说法的实质，即它们所讲的"水""气""火""土"或"数目""存在""理念"等，可以被认为是亚里士多德区分出的某种原因。而这里所谓的"另一种意义"，则可能包含有多层意思：一指他们并没有明确使用质料因、形式因等概念，最多用了"根""种子""原子"等表示"本原"的字眼；二指他们缺乏方法的科学性，要么不自觉地将视野停留于并局限于经验范围，要么相反地干脆把经验事物抛置一边，不予理会，虽然采用了思辨方法，但不能全面理解和正确运用，导致了与经验的分离；三指他们没有理论的系统性，把第一哲学和自然哲学的问题混为一谈，搞不清它们的区别与联系。正是基于这些考虑，亚里士多德才近乎武断地断言："他们干脆什么也没说到。"

二 重视质料因，忽视形式因

按照亚里士多德的见解，自然哲学的首要任务是研究自然事物存在和生成的根据和条件，即探讨事物的本原和原因，借以回

---

① 《形而上学》988 $^{a21-23}$。
② 《形而上学》993 $^{a11-16}$。

答事物的"是什么"和"为什么"。而在他认为的事物的质料、形式、动力和所为这四种主要的原因中,后三种常常可以合而为一,所以,亚里士多德首先要重点关注的,是对事物质料和形式的追寻。而在"质料"和"形式"这对范畴中,他更加看重形式,因为形式比质料更是自然,一个事物只有在具有了形式时,才能被称为该事物。

但遗憾的是,在亚里士多德看来,以前的自然哲学家,却与自己的思路正好相反。"在研读古人的著作时,人们可能会发现,他们似乎只注意质料。"① 视质料为事物的"自然"或"本原",这是他们的普遍倾向和思想实质。在这一共同的大前提下,他们的说法各不相同,有的主张一种,有的主张多种,有的认为有形,有的认为无形。至于一种或多种、有形或无形的质料到底是什么东西,就更是众说纷纭了。

正因为他们仅仅把质料当本原和原因,所以必然忽视对形式等原因的探讨,"从来就没有人明确地提出过其所以是的是和本质的问题"②。在《论动物的生成》中,他也提出过类似的批评:"过去的自然哲学家持相反观点,原因在于他们没有看到原因是多种多样的,只看到质料因和动力因,且未对之加以区分,他们根本没有探究形式因和所为因。"③

显然,亚里士多德提出的上述批评,主要是针对苏格拉底以前的自然哲学家的,不包括柏拉图。对于自己的老师柏拉图,亚

---

① 《物理学》194 $^{a21-22}$。
② 《形而上学》988 $^{b1-2}$。
③ 《论动物生成》778 $^{b7-9}$。

里士多德另有一番态度。一方面,他承认柏拉图"使用了两种原因:一种在是什么方面,一种在质料方面"①,即形式因和质料因。但另一方面,他又认为柏拉图所说的形式或理念由于不在事物之内,而是与事物分离存在的另一类外在的东西,所以严格说来,算不上事物真正的形式因。基于这种认识,他对柏拉图的理念论进行了深入、系统的批判。

三 看不到"自然"即动变之源,忽视动力因

自然事物运动变化的根源问题,是亚里士多德最为重视的自然观主要内容之一。正因为如此,他才把"自然"规定为"一种由于自身而不是由于偶性地存在于事物之中的运动和静止的最初本原和原因",也才对前人忽视动力因的缺陷深为不满。

在这个问题上,前人的具体观点很不相同。所以,亚里士多德对他们的评判,也是各有侧重的。大体分为三种情形。

一是米利都学派、赫拉克利特和原子论者。他们所主张的本原,本身就是运动变化的("水"的流动、"气"的聚散、"火"的燃灭、"原子"的旋涡等等),所以,他们没有(也不需要)再专门讨论动力因问题。但按亚里士多德的思路,这是不行的。因为水、气、火、原子等等,只是质料因,不是动力因;不讨论运动根源问题,就是"只注意质料",忽视动力因。因此,亚里士多德对他们的批判,重在指责他们"避而不谈"或"忽视运动的原因"。有代表性的两段话,均出现在《形而上学》第一卷中:"关于运动问题,它在事物之中从何处又是怎样开始的,他

---

① 《形而上学》988^{a11-12}。

们（指原子论者——引者注）和其他的人一样都是避而不谈。"①"他们着手研究生成和消灭，并试图说明其原因，他们对万物的本性都加思考，唯独忽视了运动的原因。"②

二是以巴门尼德为代表的爱利亚学派。他们不仅主张"存在"是不动不变的，而且连"生成"和"消灭"这个前提性的问题也根本否定了。因此，亚里士多德对他们的批判，虽然也认真反驳过芝诺反对运动的几个具体论证，但侧重点则是放在前提性的"生成"问题上的（因为如无生成，也就无所谓动因问题）。在整个《物理学》第一卷第八、九两章，基本上是在讨论这个问题。他认为，由于他们不能正确理解"存在"和"非存在"的多方面含义，"才放弃了这个问题，而且，也正是由于这同样的错误，他们才进一步地走入了迷途，以致于认为除了存在自身外没有任何其他东西生成或存在，从而取消了所有的生成"③。

三是恩培多克勒和阿那克萨戈拉。他们认为作为本原的"四根"和"种子"是自身不能运动的，但又承认由它们所构成的万物的运动变化，因而专门研究了动力因问题。亚里士多德对他们的态度比较客观，是既肯定又不满意。肯定他们谈到了动力因，不满意他们没有深究下去。他说："尽管他们也曾经谈到其他的原因，有人提出过友爱与争吵，有人提出过理智，但是，在提及之后就搁在一边了。"④

---

① 《形而上学》985 $^{b21-23}$。
② 《形而上学》988 $^{b27-29}$。
③ 《物理学》191 $^{b11-13}$。
④ 《物理学》198 $^{b15-16}$。

四 用必然性解释一切，否认自然有"所为"

按照亚里士多德的见解，对"所为因"的忽视，是前人所犯的一切错误中最大也是最为共同的。因为形式因和动力因毕竟有人讲到过（虽然与亚里士多德的要求相去甚远），但却没有一个人谈到过所为因。关于这个问题，他明确断言："所有思想家都把原因归结为必然性，他们说，既然热和冷以及诸如此类的每个东西自然是这个样子，那么，这些东西就是出于必然而存在和生成的。"[①]

应该承认，亚里士多德的这个评论就其精神实质而不是个别字句而言，基本上是准确的。因为用必然性和命运来解释自然秩序的来源及其事物的存在、生存和活动，确实是脱胎于神话的早期自然哲学的一大共同特征。阿那克西曼德认为，"一切存在物由之生成的东西，灭亡之后又复归于它，这是由命运（kata to khreon）注定的。根据时间的安排，它们要为各自对他物的损害而相互补偿，得到报应"[②]。毕达哥拉斯学派主张"一切都服从命运，命运是宇宙秩序之源"[③]。赫拉克利特断言"万物都按照斗争和必然性而生成"[④]。巴门尼德用"必然性的锁链"来比喻性地论证存在的不动性。德谟克利特是这种观点最大也最典型的代表，他宣称"没有什么事物是偶然生成的，万物都出于理由

---

① 《物理学》198^{b12-14}。
② 参见《古希腊哲学》第25页。
③ 《古希腊罗马哲学》第35页，北京大学哲学系外国哲学史教研室编译，商务印书馆1982年。
④ 《古希腊哲学》第43页。

按必然生成"①，并进而断然否认偶然性的客观存在。所以，亚里士多德对他也批判得最多，指责他"忽视了所为因，把自然的所有活动都归为必然性"②。

本来，苏格拉底和柏拉图的哲学是主张"所为论"或"目的论"原则的，亚里士多德不予承认，似乎有失公允，进一步说，还有贬低别人抬高自己的嫌疑。但是，由于他们所主张的，是"理智"或"理念"规范一切、安排一切的外在目的论，自然本身无目的，与亚里士多德本人想象中的"自然所为论"远不是一回事，所以，他干脆否认柏拉图有这方面的思想，只承认他讲到了"形式"和"质料"这两种原因。从后面即将要讨论到的本书第五章中，我们可以明白，亚里士多德的这种否认，有着自己的道理和深刻的原因，绝非"欺师灭祖"的妄自尊大。

总之，前辈们在自然观问题上的上述四大根本缺陷（当然，如果仔细追究，还远远不止这些），给亚里士多德提供了极其重要的经验教训。他敏锐地发现了这些缺陷，并有针对性地进行了重点思考和论述，从而重新建立起了自己不同于前人的新自然观。

---

① 《古希腊哲学》第 164 页。
② 《论动物生成》789^{b2-3}。

第二节

科学与哲学

亚里士多德认为，前人在自然观问题上之所以出现上述思路不清，说法含糊，横冲乱撞等错误，导致了众说纷纭的最终结局，究其根本，在于他们没有事先对科学知识进行认真的分类，因而"缺乏确切知识"，只能"模糊推断"，把"爱智之学"的哲学搞成了无所不包的"杂学"，将什么对象、什么内容、什么层面、什么角度、什么性质、什么门类的问题统统往里面扔，从而搅成了一锅"烩汤"。要重建新的自然观，并在此基础上建立系统的自然哲学，当务之急就是正本清源，从夯实基础的工作做起，然后才可以在此基础上建造出坚实的大厦。

综观他的有关著作，我们可以清楚地看出，亚里士多德在开展基础建设工作时，是依据层层分析、循序渐进的原则，分三步实现自己的想法的：

第一步，从内涵和外延方面界定什么是"科学"（"知识"），通过与感觉、经验、技术的比较，提出"科学"的定义，并对"科学"作分类，以便分门别类研究，突显"思辨科学"

的首要地位;

第二步,对"思辨科学"进行二次分类,以便明确"哲学"的性质、任务等问题;

第三步,再将"哲学"划分出不同的分支,以最终准确定位"自然学"的独特研究对象、范围和问题。

我们在本节讨论他的前两步工作,下一节集中分析他的第三步。

一 什么是科学

《形而上学》一书是举世公认的亚里士多德的哲学代表作。在该书的第一卷第一章,他对学生们开口讲的第一句话,就是人们千古传颂的经典名言——"求知是所有人的本性"(pantes anthropoi tou eidenai oregontai phusei)。本性即自然,即天性,即phusis。换言之,人之为人,其自然本性就是求知。那么,什么是知?

"知识"(本书按苗力田先生在《形而上学》中的一般译法,称为"科学")的希腊文是 episteemee,其基本意思有两类:一指"对事情或问题熟识、理解、熟悉",故也转义指"专业性的技能";二指"一般意义上的知识",或狭义一些的"科学知识""科学"[1]。它的词根是 epist,所以,专门研究它的那门学问就叫"知识论"或中文流行译法的"认识论"(从英文的 epistemology 看得更为清楚)。作为一个阴性名词,episteemee 来源于同词根的动词 epistamai。该动词虽然含义丰富,但都是围绕

---

[1] *A Greek - English Lexicon*, p. 660.

"知道、理解、探究、熟悉"等展开的。因此我们说，从词义上看，"科学"或"知识"就是"知晓、理解"。

由于他在讲课时所面对的听众就是那些以古希腊文为交流工具的学生，亚里士多德当然不会像我们现在一样去做今天很有意义而对他来说却毫无必要的"科学"一词的词源考察和词义辨析工作。他所要做的和实际上所做的，是在与"感觉""记忆""经验""技术"等的比较分析中，顺序揭示出"科学"的内涵，以使学生们从一开始就牢记"科学"的本质及其与其他认知形式的区别。

在亚里士多德看来，"感觉"是动物普遍具有的特性，"动物生来自然具有感觉"。但是，由于有些动物无听觉（例如蜜蜂），就不能从感觉得到记忆。"记忆"是从感觉到经验的中间环节，因为"人们从记忆得到经验，同一事物的众多记忆有导致单一经验的能力"。作为一名出身医学世家，自身又酷爱经验世界的思想家，亚里士多德非常重视经验的作用。他认为，"经验"的重要性主要表现在两个方面。

其一，对实际活动来说，经验容易成功。"那些有经验的人比那些只懂原理而没有经验的人有更多的成功机会。"其原因在于，经验是对特殊的个别事物的认知，而一切实际活动，正是与个别的东西相关。例如，"如若一个医生只懂道理，而没有经验，只认知普遍而不知其中的个别，行医时就要屡遭失败"。

其二，对科学技术的求取来说，经验是必经的环节。因为"人们通过经验得到了科学和技术"，"经验造成技术，无经验产生偶然"。

经验虽然重要，但却不如"技术"，因为它不知道原因。

"有经验的人只知其是什么，而不知其为什么；有技术的人却认知其为什么，认知原因"。所以，有技术的技师比只有经验的工匠"更受尊重"，也"更加智慧"，"技师之所以更加智慧，并不在于实际做事情，而由于他们有理性，懂原理，认知原因。"正因为技术知道原理和原因，即知道普遍和为什么，所以能够传授，而"知与不知的标志是能否传授"，因此，"我们认为技术比经验更接近科学，技术能够传授而经验不能传授"。

显然，技术与科学在知道原因从而比经验更高级这一点上，是共同的。但是，二者有不有区别？如有，区别何在？对这个问题，亚里士多德的回答不像前面那么明确，但我们仍然可以从他的字里行间分析出如下结论：技术与科学是有区别的，其区别主要在于，是否为生活必需而以实用为目的。"科学"不是为了实用，而一般的技术则为了实用，所以，科学是比一般技术更高级、更智慧的某种特殊性的技术。仔细品味下面这段话，是可以得出上述结论的："在被发现的越来越多的技术中，有的为生活所必需，有的供消磨时间。与前者相比较，后者总被当作更加智慧的，因为这些技术的科学，并不是为了实用。只有在全部生活必需品都已具备的时候，在那些人们有了闲暇的地方，那些既不提供快乐，也不以满足必需为目的的科学才首先被发现。"例如，数学之所以首先在埃及产生，就是因为那里的僧侣有闲暇。

综上所述，在亚里士多德的心目中，所谓的"科学"或"知识"，是指对原因的探求和认识，且不以生活必需的实用为目的的那样一种能够传授的技术。而在全部的科学或知识中，又有着很不相同的等级和类别。它所探求的原因愈普遍，愈初始，等级就愈高，就可称为"智慧"，反之则不行。所以，"研究最初原因和本原才可称为智慧",换言之,"智慧是关于那些本原和原因的科学"。①

二 科学的分类

在开宗明义地揭示了"科学"的内涵之后,思维缜密、创立了逻辑学这一工具性学科的亚里士多德,又从外延方面进一步阐述了"什么是科学"的问题。他的做法,就是对"科学"进行分类。对科学进行比较严格而正规的分类,亚里士多德是西方思想史上的第一人,也是他对人类文明史作出的巨大贡献之一(遗憾的是,国内学术界的很多人至今对此重视不够)。从本书所讨论的自然观的角度讲,也正是靠了这种正规的科学分类,才使得这个问题有了合理的准确定位。

亚里士多德在《工具论》中的《论题篇》《物理学》《形而上学》《尼各马科伦理学》等不少的地方提到过"科学分类"方面的有关内容。但是,他比较明确而自觉地集中谈论科学分类,却只有主要的两个地方。

一是《论题篇》第八卷 157^{a10-12}。在这里,他是在讨论"区分"方法时,从举例说明的角度顺便谈到科学分类的,因而只是简单提及,没有展开论述。他说:"所谓区分就是,例如,一门科学或者由于更精确,或者由于有更好的对象而比另一门科学更好;而且,有些科学是理论的,有些是实践的,有些是创制的。"

二是《形而上学》第六卷第一章 1025^{b21-27}。在这里,他主

---

① 《形而上学》982^{a3}。

要是为了重点说明"物理学"究竟属于什么科学而展开谈到科学分类的,使用的是排除法。他认为,物理学"既不是实践科学,也不是创制科学。创制的本原在创制者中,或者是理智,或者是技术,或者是某种潜能,实践的本原即选择则在实践者中,因为选择的对象和实践之结果是同一的。如若把全部思考分为实践的、创制的和思辨的,那么,物理学就是某种思辨的"。

把这两处的论述和散见于其他地方的零星说法综合起来,我们可以明确概括出亚里士多德科学分类思想的主要内容。

第一,一切能够称之为科学或知识的东西,大致可以区分为三类,即"思辨"(theooreetikee)科学或理论科学、"实践"(praktikee)科学或应用科学、"创制"(poietikee)科学或生产科学。思辨科学是"静观",实践科学是"行为",创制科学是"制造"。

第二,区分这三类科学的依据,主要有两点。一是"目的"不同:"思辨科学"是为知而知,即以知识自身作为所为的目的;"实践科学"是为行而知,即以指导行动作为知识所为的目的;"创制科学"则是为用而知,即以使某东西变得有用或美作为知识所为的目的。二是本原即运动的"根源"(arkhee)不同:思辨科学的本原不在思辨者而在对象;实践科学和创制科学的本原都在实践者和创制者本身。但是,后两类科学的具体本原又有所不同:实践科学的本原是实践者的"选择",想做之事与所做之事是同一的;创制科学的本原是创制者的"理智""技术"或"能力",通过它们,使某种东西变得符合创制者的目的。

第三,在这三类科学中,思辨科学的地位最高,因而最应该受到尊重和重视。他明确指出，"思辨科学比其他科学更受重视"①。理由有两点：一是它更具有智慧；二是它为知而知，不是为其他什么而知。他认为，判断是否智慧，不在于实际做什么事情，而在于是否懂得道理，知道原因，所以，"有经验的人比具有某些感觉的人智慧些，有技术的与有经验的相比，技师和工匠相比，思辨科学与创制科学相比，均是如此"②。"在全部科学中，那更善于确切地传授各种原因的人，有更大的智慧。在各门学科中，那为着自身，为知而选择的科学比那为后果的科学，更加是智慧。"③ 显然，这种更加"智慧"的科学，就是思辨科学。

第四，他之所以要首创性地对科学进行分类，可能主要有两个方面的原因。一是历史的原因。如前所述，由于以前没有任何人做过这个工作，导致了思路缠绞和说法混乱。二是理论的原因。这个原因又大致地具体表现在两点上。其一，为了确立他的知识观、智慧观，把知识的获得、智慧的拥有与原因的求取贯通起来。为此，他在《形而上学》一开篇（第一卷的第一、二两章）就讨论这个问题，循序渐进地从感觉讲到经验，从经验讲到技术，从技术讲到知识，最后从知识讲到智慧。其二，为了落脚到他对思辨科学的讨论。这是他区分科学种类的直接目的。而对思辨科学的讨论，最终实质上又是为了集中讨论哲学。

三 数学和哲学

在他看来，思辨科学也不是铁板一块，它又可以二次性地划

---

① 《形而上学》1026 ^{a24}。
② 《形而上学》982 $^{a1-3}$。
③ 《形而上学》982 $^{a14-18}$。

分为三种，即数学（mathematikee）、物理学（phusikee，准确的译法应为"自然学"）和神学（theoiogikee）。

区分它们的依据，主要是研究对象的不同。在《形而上学》第六卷的第一章中，他较为详细地论述了这个问题。

按照亚里士多德的说法，数学的对象是否既不运动又能分离，还不清楚（在其他地方，他也没有"清楚"地作出过一个全称判断），他只是谨慎地断言"有一些数学对象作为不动的和可分离的东西被加以思辨"，"某些数学研究不运动，却也不能分离存在（akineta men ou khoorista），而是在质料之中的东西"。

"物理学所研究的是可分离但不是不运动（khorista alla ouk akineta）的东西"。但这种"可分离"，仅仅指它的独立自存性，而不意味着它实际上可与质料分离。所以，亚里士多德特别强调：物理学虽然是思辨的，"不过它思辨那种能够运动的存在者，仅仅思辨那种在原理上大多不能独立于质料的实体"。"如果在物理学中一切用语类乎扁鼻，例如鼻子、眼睛、面孔、肌肉、骨骼，以及一般的动物；又如叶、根、皮以及一般的植物（它们的原理都离不开运动且永远具有质料），应怎样寻求和规定物理对象的是什么以及为何思辨灵魂的有些部分——在不脱离质料的范围内——会属于研究物理学的人，这就清楚了。"

神学的研究对象又有别于前两种，它研究而且也只有它"才研究既不运动又可分离（akineta kai khoorista）的东西"。由于这种东西与质料无关，又是不动的、永恒的，所以才是纯粹的实体，是神圣的、高贵的东西，而在这神圣的纯实体系列中，最高的又是神，因此，该门科学被称为"神学"。

总之，正如罗斯（W. D. Ross）所概括的，数学研究的对象是数目和空间图形，它们只是作为有限制的实体而附属地存在，所以大多不能分离存在；物理学的研究对象是自然物，它们本身带有运动和静止的根源，且独立存在，故分离而运动；神学研究的则是与质料没有任何联系而存在的神圣实体，因此不动而分离。[①]

在这三门思辨科学中，亚里士多德又进一步概括为两类，即数学和哲学（哲学又分为神学与物理学），并在《形而上学》第四卷和第六卷等处，比较充分地阐述了二者的区别。概括而言，它们的区别大致表现在两个方面（除前述对象的不同之外）。

其一，研究存在的自身、全体还是研究存在的属性、部分。他指出："存在着一种思辨作为存在而存在（to on hei on）的科学，也包括那些就自身而言的依存者。"这种科学就是哲学。"它不同于任何一种各部类的科学，因为没有任何别的科学普遍地研究作为存在而存在的，而是从存在中切取某一部分，研究它的偶性，例如数学科学。"[②]

其二，证明本原还是假定本原。这个区别，是由第一点派生出来的。正因为哲学研究的是作为存在而存在的东西，即存在本身和全体，所以，它要对本原意义上的存在作出证明：它是否存在，又是什么。数学则不然，虽然"数学上有着本原、元素和原因"，但由于它只研究存在的部分和属性，所以不对本原意义的存在作证明，不管它到底是否存在，也不追问它是什么，只是

[①] 参见罗斯著《亚里士多德》第69页，王路译，商务印书馆1997年。
[②] 《形而上学》1003^{a20-28}。

"当作一个假设",由此出发来说明其他东西。①

除数学与一般哲学的上述区别外,在《物理学》第二卷第二章(参见 193$^{b24-25, 31-34}$,194^{a1-13}),亚里士多德还谈到了数学与自然学(物理学)的区别:研究角度和方式的不同。自然学的对象是自然物体,"自然物体都具有面、体、线和点,数学家也正好要研究这些问题"。但是,数学家的研究,"并不把它们作为自然物体的限界,也不把它们作为属于这些物体的偶性来考虑。因此,他们是把它们分离出来考察的"。"这一点可以从那些明显地是自然学科而不是数学分支的学科如光学、声学和天文学中得到证明。因为这些学科在某种意义上是与几何学相反的:几何学虽然研究自然的线,但却不是作为自然的线来研究;光学尽管研究数学的线,但又不是作为数学而是作为自然的线来研究。"作为自然的线来研究,就要追问它是什么和为什么,就不能脱离质料分离地考察,但这是自然学而不是数学的事。据此,他批判了柏拉图学派的混淆错误,"因为他们分离了自然物,而自然物是不能像数学对象那样被分离的"。

---

① 参见《形而上学》1025^{b5-18}。

第三节

神学与自然学

哲学不仅与数学相区别,在哲学内部,还有不同分支的区别。

关于哲学,亚里士多德在不同场合下过两个定义。

一是在《形而上学》第一卷第一章的最后一句话（982^{a3}）。在这里,他把哲学等同于智慧,通过定义智慧来定义哲学。他说:"智慧是关于那些本原和原因的科学。"

二是上述的《形而上学》第四卷第一章的第一句话（1003^{a20-21}）。他是通过讲哲学与其他科学的区别来定义哲学的:哲学是"研究作为存在而存在的科学,也包括那些就自身而言的依存者"。

这两个定义,看似不同,其实紧密相联。哲学所研究的"那些本原和原因",指的是最初本原和根本原因,不是一般意义上的本原和原因。而这种本原和原因,不是普通的存在物,而是存在物背后的"是什么"和"为什么",即"作为存在而存在"的那种存在。所以,正如苗力田先生在《亚里士多德全集》

总序中所说:"一方面,必须就作为存在的存在来把握最初原因;又必须就最初原因来把握作为存在的存在。"① 这种既充当最初本原和根本原因,又扮演作为存在而存在的东西,就是实体(ousia)。

虽然哲学都是研究实体的,但由于"实体"有着很不相同的含义和种类,而且,研究的层面、角度和方法也不完全相同,所以,也就有了哲学的不同分支。他明确指出:"有多少种实体,哲学就有多少种分支,因而其中必然存在着某种第一哲学以及后继的分支。因为一旦存在和一有了不同的种,知识或科学就要相应地分门别类。哲学家和所谓的数学家一样,因为数学也有着分支,数学中有第一科学、第二科学以及其他后续的科学。"②

哲学到底有多少分支?亚里士多德没有明确说过。不过,从他对思辨科学的分类,对哲学所研究实体的论述,以及散见于不同著作中的零星话语来看,可以断言,在他的心目中,哲学主要有两个分支,即第一哲学和第二哲学。

第一哲学就是前面所说的"神学"(也是从安德罗尼珂编辑亚里士多德文集时贴 ta meta ta phusika 标签以来人们所谓的"形而上学")③。它研究的是那些分离而不动、永恒而神圣的实体。

---

① 《亚里士多德全集》第一卷"序"第4页,中国人民大学出版社1990年。
② 《形而上学》1004^{a4-9}。
③ 安德罗尼珂为什么要贴这样的标签从而形成了今天的书名?美国的 Alam Code 教授认为,"《形而上学》这个书名也许是想表明它研究的对象是超感觉的题材,也有可能是想表明它是在关于自然科学之后研究的东西。但这个书名也可能仅仅意味着'物理学之后的那些事物',因而只想表明它在全集中的位置应该是在关于自然科学的论文的后面"。参见《劳特利奇哲学史》第二卷《从亚里士多德到奥古斯丁》第63页,中国人民大学出版社2004年。

第二哲学则是前述的"物理学"或"自然学"。它研究的是那些虽然可分但却运动,且有生有灭的普通自然物体,追问它们的是什么和为什么。

神学和自然学哪个更高?他用一个假言判断来回答:"如若在自然组成的物体之外没有别的实体,那么物理学就会是第一科学;如若存在着不动的实体,那么应属于在先的第一哲学,在这里普遍就是第一性的。"① 显然,在他看来,"不动的实体"是存在的,所以,神学应坐第一的交椅,正因为是第一,"神学比其他思辨科学更受重视"②。也正因为神学是第一哲学,自然学就只能屈居第二。

可见,第一哲学与自然学是既紧密联系又彼此不同的两个哲学分支。它们的联系或共同点很多,主要表现在以下四个方面。

首先,性质基本相同。如前所述,它们都是为知而知的思辨科学中的哲学,因而其性质都是自由科学。"我们追求它并不是为了其他效用,正如我们把一个为自己,并不为他人而是人的人称为自由人一样,在各种科学中唯有这种科学才是自由的,只有它才是为了自身而是科学。"③

其次,起源完全相同。它们要产生,都有两个必不可少的条件:一是"闲暇"(skholee),二是"好奇"(thaumazoo)。"闲暇"才能无所事事,不为生活必需品操心,才能自由自在,不以实用为目的而去海阔天空地神思遐想。"好奇"才能觉得自己无知,才能谦虚地在头脑中形成一些问号并产生探寻奥秘的冲

---

① 《形而上学》1026 $^{a28-32}$。
② 《形而上学》1026 ^{a24}。
③ 《形而上学》993 ^{b20}。

动,从而为摆脱无知进行认真的哲学思考。这两个条件对于哲学智慧的产生缺一不可:假如没有闲暇,则会要么无暇好奇,要么虽然好奇但急于功利,而不及静观;假如没有好奇,无所事事的闲暇之人要么成为行尸走肉,虚度光阴,要么情况更糟,兴许会干出损人利己甚至损人而不利己的肮脏事情来。

再次,任务大体相同。无论是第一哲学还是自然学,都是探寻本原和原因的科学,都在研究作为存在而存在的东西,都要追求真理,因而都被"称为真理的知识"。

最后,概念基本相同。由于前面的三个相同,决定了亚里士多德在讨论第一哲学和自然哲学问题时,所使用和论证的概念大体上是相同的。从他的著作内容看,最主要的相同概念有以下十个:存在、本原、原因、实体、质料、形式、运动(不动)、所为(目的)、潜能、实现(现实)。

但是,对于我们的研究目的来说,最为重要的不是知晓两个哲学分支的联系,而是把握它们之间的区别。概括而言,它们的根本区别主要体现在以下三个方面。

一是研究对象的不同。这方面的区别,主要表现在"运动"与"不动"、"生灭"与"永恒"、"普通"与"神圣"这样三种不同的实体属性上。一句话,神学的对象归根到底只是逻辑实体,因为在实际的事物世界,是根本不可能有不动的、永恒的、神圣的东西存在着的。自然学则不然,它所研究的对象只是生灭着、动变着的普通事物,而且只是"在其自身之中包含运动和静止的本原"[1] 的自然物,还不包括技术产物。研究对象的不

---

[1] 《形而上学》1025^{b20}。

同,是两种哲学最本质的区别。

二是研究层次的不同。虽然神学和自然学都是把对象抽象出来进行研究,但抽象的层次或分离的程度有很大区别。与神学不同,自然学的抽象,只是从认识上、定义上把形式与质料分离,而不是把它作为分离而独立存在的东西来看待,所以,它所研究的形式,总是事物的形式,不是分离的形式。对形式本身有关问题的研究,由神学承担。关于这一区别,亚里士多德讲得很明确:"自然哲学家对事物的形式以及'其所是的是'(to ti een einal)的问题必须了解到什么程度呢?或许,就像医生必须知晓肌腱,铜匠必须了解青铜,而且直至了解它们何所为那样,自然哲学家也必须了解事物各自所为着的东西,并且还要研究那些在形式上虽可分离,但却存在于质料之中的东西。……至于确定可以分离的东西是怎样的及其'是其所是'的问题,则是第一哲学的事情。"① "关于形式方面的本原问题,即这种本原是单一还是众多,它或它们的本性是什么的问题的确切规定,是第一哲学的任务。"② 正因为第一哲学研究的层次要高一些,所以是最初的智慧,"自然哲学是某种智慧,但不是最初的那种"③。

三是研究方法的不同。在《物理学》第一卷第一章,亚里士多德开宗明义地表明了他研究自然哲学的方法和途径:"从对于自然不甚清楚但对于我们更加清楚的东西前进,达到对于自然更加清楚和更易知晓的东西。对于我们来说明白和易知晓的,首

---

① 《物理学》194^{b10-15}。
② 《物理学》192^{a35} - 192^{b2}。
③ 《形而上学》1005^{b1}。

先毋宁是那些浑然一体的东西。在从这些东西中把元素和本原分析出来之后,它们才成为被认识的。所以,应该从普遍出发推进到个别;因为整体更应在感觉上知晓,而普遍就是某种整体。"[1] 简而言之,从普遍到特殊,从一般到个别,从整体到部分,从抽象到具体,从思辨到经验,这就是亚里士多德为自己规定的自然哲学研究方法。他是这样说的,也是这样做的。他先讨论一般意义上的《物理学》,探讨自然事物所具有的共同本性——本原、原因、运动、时间、地点等,然后才逐一分别讨论天体、天象、灵魂、生物等特殊一些的问题。第一哲学则不同,从总体来看,他遵循的是从个别到一般,从具体到抽象、从经验到思辨的研究方法和途径。譬如他对实体的考察,就是从《范畴篇》中的具体事物"第一实体",到《形而上学》第五、七等卷中的事物形式"根本实体",再进展到第十二卷中的纯粹形式"最高实体"。

当然,上述的三个方面的区别只是就总体而言,而且都是相对的,不能绝对看待。因为从根本上讲,在亚里士多德那里,两种哲学分支本身的区分就是相对的,既然都是在哲学的层面上探讨问题,就必然存在着诸多相互的穿插与交织,不能期望像巴门尼德的两条道路和柏拉图的两个世界那样泾渭分明。

亚里士多德煞费苦心地区分出两个哲学分支的想法和做法,具有重要的多方面意义。

第一,从历史方面看,他是对前人思想的批判性总结,并里程碑性地开创了哲学分支的传统。由于没有对哲学进行分类,由

---

[1] 《物理学》$184^{a20-a25}$。

于没有认识到不同哲学分支有不同的对象、领域和层次，前人们把各种东西搅混在了一起，并展开了谁也说服不了谁的、没有结果的争论，其中最为激烈的争论集中在存在与非存在、一与多、静与动等问题上。如果按哲学分支论的观点来看，这些争论也许是可以化解的，至少也应该统一到同一论域或同一层面，在遵守同一律的前提下进行。从亚里士多德以后，西方哲学从整体上看，较为严格地沿袭了这种分支传统。

第二，从第一哲学方面来看，他是要确立它的恰当地位。论证和突出第一哲学在一切知识领域中至高无上的荣耀地位，是亚里士多德进行科学分类和哲学分支的根本目的。但是，第一哲学这种至尊地位的含义，仅仅在于它探讨的对象最为神圣，研究的问题最为普遍，运用的方法最为思辨（而"思辨是最大的幸福"），追求的知识也最为自由（因为它不为别的什么东西，仅仅是为了知识自身），而不是说它可以成为集权一身、支配甚至取代其他科学的"科学之王"（或"科学的科学"）。各门科学以及哲学的各个分支，都有自己特定的存在理由和独特的存在价值。从这个意义上说，它们本无贵贱尊卑之分。所以，巴门尼德、苏格拉底和柏拉图贬低自然哲学和其他科学的观点是错误的。

第三，从自然学方面看，他是要为它正名，并为重建它提供前提。巴门尼德、苏格拉底和柏拉图等人对自然学的蔑视、攻击或糟践，使得它名声不佳，名分不正。通过科学分类和哲学分支，亚里士多德使自然学堂堂正正地登上了它自己应有的位置：研究自身具有动变根源的自然物的本原和原因以及相关的其他问题。

在完成了为重建自然学提供理论前提和坚实基础的任务（给"自然学"准确定位）之后，亚里士多德就开始了他"拯救自然"工程的第二步——重新清理"自然"概念的含义。

第四章

重识"自然"

第四章 重识"自然"

和探讨其他问题时一样,亚里士多德对"自然"的正面研究,也是从对概念含义的基本规定开始的。他之所以要这样做,除了自己坚持的一贯方法论原则外,思想内容上可能主要基于两个方面的考虑。一是理论方面的。因为概念是思维的细胞、知识的基础,这个基础如果不先打牢,其余工作就无从做起。二是历史方面的。因为如前所述,他的前辈们对"自然"的规定各执一词,搞得很乱,且无人进行过认真的清理(基本上是在各自理解的意义上现成使用),要想在这废墟般的土地上建造大厦,也不得不首先清理现场,夯实基础。

亚里士多德对"自然"概念的清理、规定和说明,散见于他多部不同的著作中。我们下面以《形而上学》和《物理学》这两部代表性的作品为重点予以分析,结合其他著作里的有关论述,看他是如何在批判性地总结前人思想成果的基础上,重新认识"自然"的。

第一节

《形而上学》中的"自然"

《形而上学》作为亚里士多德哲学最重要的代表作，虽然出现 phusis 一词或其各种变化形式（格、数等）的地方非常多，但真正从概念界定的角度集中讨论"自然"的，却只有第五卷第四章。该书的整个第五卷被人们公认为"哲学辞典"卷（所以，正如学术界早已认定的，显然不该被编辑在《形而上学》中，更不应该插在第四、六卷之间，而应独立成篇），没有统一的主题，只逐一讨论了三十多个前人经常使用，他也认为非常重要的哲学概念。他大体上按照自己所理解的轻重程度的顺序，依次分章讨论这些概念。他把 phusis 放在仅次于 arkhee（本原）、aition`（原因）和 stoikheion（元素）的第四位来讨论，足见其很重视（也可以从侧面反映出他是把自然哲学作为整个哲学的基础来看待和处理的，因为"本原""原因""元素""自然"等概念，正是自然哲学的核心范畴，而作为第一哲学核心概念的"存在"和"实体"，他放在了该卷的第七、八章）。

在第五卷第四章中，亚里士多德采取"先分后总"的方法

（这也是他讨论其他概念时所最常使用的方法），简要概述了 phusis 的含义①。

一 phusis 的分类含义

仔细研读可以发现，亚里士多德在这里把 phusis 的含义分成六种。

第一，生长着的东西的生成（hee toon phuomenoon genesis）。这层含义是从普通人所习惯的词源意义上讲的，没有多少哲学意义。他说，把 u 读作长音，"自然"就意为"生长"了。正如本书第一章所述，phusis 源于动词 phuein，而 phuein 的核心意义即为"生""长"，它的 u 在多数时态中是发长音。

第二，生长着的事物最初由之生长的那个内在东西（eks hou phuetai prootou to phomenon enuparkhontos）。这层含义已经引申了，不是泛指词源上的"生长"本身，而是进一步强调生长物最初所从出的那个内在东西。至于这东西具体指什么，他在这里还没说。

第三，在自身中并作为自身所有的每一自然存在物的最初运动的来源（hethen hee kineesis hee prootee en hekastoo toon phusei ontoon en autooi heei auto huparkhei）。这层含义与第二层含义明显不同，虽然都在强调最初的、内在的东西，但第二层含义侧重一般的"生长"，这里则侧重专指的"运动"。他的意思是指使自然物开始其最初运动的那个自身之中的东西。所以，罗斯将此

---

① 《形而上学》1014^{b16} – 1015^{a19}。

层含义意译为"自然物中运动的内在原则"①。

第四,任何自然存在物由以最初开始存在或生成的那个东西,这东西既无形状,也无源于自身能力的变化(eks hou prootou ee estin ee gignetai ti toon phusei ontoon, arruthmistou ontos kai ametableetou ek tees dunameoos tees hautou)。这层含义显然指的是"质料",例如他自己举例所说的雕像和铜器的青铜、木器的木料等等。每个事物都要由它们构成,但它们本身没有形状,也没有引起变化的自身能力。元素也被称为这种意义的自然,因为无论是水、火、土、气,也无论是其中的一种还是多种,都被亚里士多德归为质料之列。

第五,自然存在物的实体(hee toon phusei ontoon ousia)。这里的"实体"(ousia)一词,既可指"实体",也可指"本质"(所以,罗斯译为 essence,"洛布古典丛书"则译为 substance,苗力田先生翻译的中文全集本和选集本均译为"实体",吴寿彭先生译为"本质",李真先生也译为"本质")。从这里的上下文来看,这个"实体"指"形式"(eidos)或"形状"(morphee)。因为亚里士多德接着说:"所以,那些出于自然而存在或生成的,尽管其由之生成和存在的已经出现,倘若还不具有形式或形状,我们就不说它具有了自然或本性。只有由这两者构成的东西,才是出于自然的,例如动物及其部分。最初质料是自然。……形式或实体也是自然,它是生成的目的。"② 可见,在亚里士多德那里,真正的自然物,是第四和第五两层含义

---

① see W. D. Ross, *Aristotle's Metaphysics*, Vol. 1, p. 295, Oxford, 1953.
② 《形而上学》1015^{a5-10}。

的结合。

第六，一般而言，所有实体都是自然，因为自然总是某种实体（holoos pasa ousia phusis legetai dia tauteen, hoti kai hee phusis ousia tis estin）。这层含义完全是从第五层扩展出来的，从"形式"意义上的实体扩大到一切实体。所以，"洛布古典丛书"没有将这层含义单列，而是并在第五层，我们是按罗斯的做法分列的。

二 phusis 的总括意义

在分列了 phusis 的六种含义之后，亚里士多德按其习惯的做法，又总结性地概括了 phusis 的意义，并在概括中进一步简明扼要地指出了几层含义的关系。他说：

> 从以上所说，自然的最初和首要的意义是，在作为自身的自身之内有着运动本原的事物的实体，质料由于能够接受它而被称为自然，生成和生长由于其运动发生于此而被称为自然。自然存在物的运动本原就是自然，它以某种方式内在于事物，或者是潜在地，或者是现实地。①

> ek dee toon eireemenoon hee prootee phusis kai kurioos legomenee estin hee ousia hee toon ekhontoon arkheen kineeseoos en hautois heei auta. heen gar hulee tooi tautees dektikee einai legetai phusis, kai hai geneseis kai to phuesthai tooi apo tautees einai kineeseis. kai hee arkhee tees kineeseoos toon phusei ontoon hautee estin, enuparkhousa poos ee dunamei ee

---

① 《形而上学》1015 [a14-13]。

entelekheiai.

从亚里士多德的这个概括性总结中①，我们可以明确以下几点：

首先，在他的心目中，严格意义上的"自然"乃是前述的第五层含义，即自然存在物的实体（或本质）。因为所谓"在作为自身的自身之内有着运动本原的事物"，指的就是自然存在物（详见本章第二节的内容）。虽然他在前面分述时，承认了自然的多种含义，但这种承认，既具有辞典罗列的特点，又带着历数前人用法的综合意味〔这也是亚里士多德一贯坚持的"多种意义述说"（pollakhoos legesthai）的方法论特色〕，因而并不完全代表他本人的根本看法。他的意图，是强调"自然"一词的"本性"意义，把人们对自然的看法从结果引向原因，从外部引入内部，从现象引到本质，从而为他自己自然观的建立奠定概念基础。

其次，他断言这种"实体"、"本质"或"形式"意义上的"自然"是内在于事物之中的，而且，内在的方式可以是现实的，也可以是潜在的。这种观点，不仅将自然理解为一个动的过程，保留着"生""长"的活动意味，也从根本上区别于恩培多克勒、阿那克萨戈拉、柏拉图等人从外面找寻事物存在、生成和

---

① 罗宾·柯林伍德在在其著作《自然的观念》中，没有按分述和总述的方式来介绍亚里士多德的观点，而是将其合在一起，笼统地认为"他区分了 phusis 的七种含义"，把亚氏总括意义上的重要总结简单地作为第七种——"自身之内有运动源泉的事物的本质"（这是吴国盛、柯映红根据英文的译文，如根据我们所依的苗译文，就是上面所引的"自身之内有着运动本原的事物的实体"。参见该书中译本第86~87页，华夏出版社 1999 年）。我认为柯林伍德的处理是不妥的，因为这既有违亚氏的行文风格，又容易使人忽视亚氏所强调的重点（仅排列第七）。

运动根据的观点。

最后,他对"自然"的界定表现出了一种宽容大度的、非独断论的兼收并蓄特点。一方面,他明确指出了自然最初的和首要的意义,表明了自己的观点;另一方面,他并不完全否认前人对自然的传统看法,承认质料和生长在一定意义上也可称为自然。这种平和中庸的态度,是他一贯的思想作风,更是他能够冷静、理智地思考各种问题,从而成为希腊哲学集大成者的重要原因之一。

如果说在《形而上学》中,亚里士多德对"自然"含义的规定主要是从概念界定的角度进行的,是辞典性分类罗列的话,那么,在《物理学》中,他就把对"自然"含义的规定融入了对整个自然学问题的讨论中,是在对"第二哲学"进行总体建构的大框架下来研究"自然"的。

第二节

《物理学》中的"自然"

亚里士多德的《物理学》,古希腊原文是 Phusikee akroasis,直译应该为《自然学讲义》。从他的写作风格看,也确实是像给自己的学生讲课用的讲稿(《形而上学》等书也同样如此)。从内容上分析,正如"洛布古典丛书"《物理学》一书的编译者在"导论"中所说的,该书的书名叫"自然哲学原理"为好。① 因为亚里士多德在该书中所讲的,根本不是什么经验科学意义上的物理学,更没有研究力、热、光、电等任何一种特殊的自然事物、自然问题和物理现象,而是完完全全在讨论抽象的哲学问题,讨论普遍适用于一切自然事物和现象的哲学原理。

继该书的第一卷讨论事物生成和存在的本原问题之后,亚里士多德在以"原因"为主题的第二卷中,一开始先就在第一、二章集中讨论"自然"的含义及其相关问题。

---

① Aristotle, *The physics*. Vol. 1, XV, Harrard University Press, 1934.

第四章 重识"自然"

一 两类事物的区分

正如罗斯所说,在这里,亚里士多德建立 phusis 定义的方法是这样的:他考察那把被说成是由于自然,是自然物的东西和不是由于自然的东西区分开来的是什么。[1]

他首先断言,"在存在着的事物中,有些是由于自然而存在,有些则是由于其他原因而存在"[2]。这样,他就以事物存在根据的不同,把一切存在物划分成了两大类,即"自然物"和"非自然物"。由于自然而存在的是自然物,由于非自然而存在的是非自然物。他认为,这两类事物是明显相区别的,区别的依据是其自身之内是否具有动静本原。"因为所有由于自然而存在的事物都明显地在自身之中有一个运动和静止的本原——有些是在地点方面的,有些是增加和减少方面的,有些则是性质变化方面的。相反,床榻、罩袍以及诸如此类的其他东西,在它们各自的名称所规定的范围内,并且就它们是工艺制品而言,都没有这样的变化的内在冲动。"[3]

按照他在这里和稍后的其他地方的说明,罗斯将亚里士多德心目中认为属于"自然物"的事物分为四个等级,且每一级都比前一级更复杂:

一是单纯物,如火、土、气、水;

二是非生物的复合物,如石头,或石头与土的混合物;

---

[1] *The Physics*, p. 499.
[2] 《物理学》192^{b8-9}。
[3] 《物理学》192^{b13-19}。

三是动物的部分,包括组织和由组织构成的器官;

四是动物整体和植物。①

不过,在《论天》298^{a27-35}中,亚里士多德又把自然物的范围扩大到了属性上。他说:"所谓由于自然的事物,既指实体,也指实体的功能与属性(我所说的实体,指的是单纯物体,例如火、土和其他类似的东西,以及由它们构成的事物,譬如作为整体的天及其部分,动植物及其部分;而所谓的功能与属性,指的则是这每一个实体的运动以及在自身内有引起运动的能力的其他东西的运动,也指它们的质变和相互转化)。"

至于"非自然物"(即技术物)包括哪些等级和种类,亚里士多德并未列举,也不需要列举,因为他论述问题的重点,并不在这一方面。在某种意义上说,"非自然物"只是作为自然物的陪衬而出场的。

亚里士多德之所以要开宗明义地首先区分出两类事物,而不是急于给"自然"下定义,其目的可能有两个。

第一,从上下文看,是为了自然地引出他对"自然"的定义。把所有存在物一分为二,突现出两类事物的区别,有利于人们更清楚地认识到"自然"究竟为何物。

第二,从更深的考虑来看,是要明确他的研究对象和讨论范围。他要告诉听众或读者,他在这里所讨论的,是自然事物,而不是技术产物,他要建立的,是"自然学",而不是"创制学"。

---

① *The Physics*, p. 500.

二 "自然"的含义

在对事物作出了一分为二的区分之后,亚里士多德紧接着顺理成章地提出了他对"自然"的定义:

> 所谓自然,就是一种由于自身而不是由于偶性地存在于事物之中的运动和静止的最初本原和原因。
> hoos ousees tees phuseoos arkhees tinos kai aitias tou kineisthai kai eeremein en hooi huparkhei prootoos kath hauto kai mee kata sumbebeekos.①

显而易见,这个定义,基本上是他在前面区分两类事物时的那个依据,即事物自身之中使其动静的本原,"只要具有这种本原的事物就具有自然"。区别只在于,由于是下定义,所以亚里士多德用词非常严格,不仅指出这个本原是"最初"(prootoos),而且特别强调是"由于自身"(kath hauto),"不是由于偶性"(mee kata sumbebeekos)。"我之所以说不是由于偶性,是因为可能出现这种情况:一位医生或许是使自身疾病康复的原因。但是,他并不是作为患者而具有医疗技术的,医生和被医治的患者同属一人纯系偶然。"②也就是说,使疾病康复的动变本原是医术,而医术不在患者自身之中,而在医生,医生医治自己疾病的情况是偶然的(或是由于偶性的),不在议论之列。推而广之,其他技术物的情况也是如此。"因为没有一件技术物

---

① 《物理学》192 $^{b21-23}$。
② 《物理学》192 $^{b24-27}$。

品的制作本原在自身之中，而是在他物之中（例如房屋和其他各种手工制品），虽然有一些工艺制品的本原在自身之中，但那不是由于自身，而是由于偶性才可能成为这些东西的原因。"①

从亚里士多德在这里和在《形而上学》第五卷第四章中不厌其烦地、反复多次地强调的"自身"和"由于自身"，我们可以很自然地联想到柏拉图讲的"理念"，即"……自身"。虽然他们的强调有着突出 eidos 的相同或相似的一面，但区别是显而易见的，因为柏拉图讲的"自身"，对应的是与其分离的具体事物，而亚里士多德讲的"自身"，对应的则是同属一物的"偶性"和区别于自身的"他物"。即使是都突出了 eidos，柏拉图的 eidos（或 idea）也是与事物分离着的，亚里士多德的则没有分离（至少在自然哲学层面上是如此）。

在定义性地首先规定了"自然"就是存在于事物自身之中的动静最初本原和原因之后，亚里士多德又继续谈到了"自然"的另外四种含义（值得特别注意的是，他在叙述其中的前三种含义时，所使用的都是介绍别人观点的引述性语气）。

（一）自然被认作质料

有些人主张，自然或者由于自然而存在的东西的实体就是以自身而寓于个别事物之中的尚未成型的原始材料，例如，木料是床榻的自然，青铜则是雕像的自然。

dokei d hee phusis kai hee ousia toon phusei ontoon eniois einai to prooton enuparkhon hekastooi arruthmiston kath heauto,

---

① 《物理学》192^{b29-32}。

hoion klinees phusis to ksulon, andriantos d ho khalkos.①

在他看来，这种意义的自然是有层次的，相对于床榻和雕像而言，木料和青铜是原始材料，但木料与青铜本身并非一般意义的"原始"，它们又源于真正原始的东西，即元素，所以，水、土等就是青铜、黄金、骨骼、木料等的自然和实体。正因为如此，"所以有些人说存在物的自然是火，有些说是土，有些说是气，有些说是水，有些主张是其中的几种，有些则认为是它们全部"②。在对早期哲学家们的上述观点进行简要介绍后，他作了这样的总结：

> 上述这些是自然的一种说法，即在每个自身具有运动和变化本原的东西中的载体即原始质料。③

"载体"（在国内学术界，以前多译为"基质"）的原文是 hupokeimenon，直译为"躺在下面的东西"，起承载作用。内在于事物之中的原始质料，起的正是这种载体作用，形式赋予它，就构成了具体事物。

（二）自然被视为形状和形式

亚里士多德接着介绍：

> 另一种说法则是把自然视为依据逻各斯的东西的形状和形式。

---

① 《物理学》193^{a10-12}。
② 《物理学》193^{a21-23}。
③ 《物理学》193^{a28-30}。

allon de tropon hee morphee kai to eidos to katk ton logon.①

这句话中的"逻各斯","洛布古典丛书"本意译为"定义"(definition),应该说是准确的。因为从上下文来看,亚里士多德所说的正是这个意思。前面讲质料是自然时,是从"生成"意义说的,因为事物的生成,离不开"从所出"的材料。这里讲形式是自然,则是从"定义"上看,因为要把握事物的本质,重要的不在其"从所出"的构成材料,而在"其所是"的形式。这个"形式",包括两个方面,一是外在的"形状"(morphee),二是内在的"形式"(eidos)。为什么从定义的角度讲,形状和形式才是事物的自然或本性呢?因为正如潜在的床在取得床的形式之前我们不能说它是床一样,"潜在的肌肉或骨骼在获得我们规定的什么是肌肉或什么是骨骼的原理所体现的形式之前,就还没有它自己的自然,也不会是由于自然的存在"②。只有获得了形状和形式,潜在的肌肉才成为现实的,才可以被定义。

值得我们注意的是,亚里士多德在展开讨论自然的这层含义的过程中,提出了三个非常重要的思想(虽然在这里还没有展开论证)。

首先,"这种形状或形式除了在定义上外,不与事物相分离"。(hee morphee kai to eidos, ou khooriston on all ee kata ton logon.)③ 这就肯定了事物与其形式的不可分,避免了柏拉图的

---

① 《物理学》193^{a31}。
② 《物理学》193^{b1-3}。
③ 《物理学》193^{b5}。

错误。正如罗斯所说，增加的这个 kata ton logon（直译为"依据逻各斯"或"按照逻各斯"），把亚里士多德的 eidos 和柏拉图的 eidos 区别了出来。[1] 因为亚里士多德只承认 eidos 在逻辑上可分，而柏拉图在事物之外设置了 idea 或 eidos 的世界。

其次，"由质料和形式所构成的东西不是自然，而是由于自然，例如人"。（to d ek toutoon phusis men ouk esti, phusei de, hoion anthroopos.）[2] 也就是说，现实存在着的具体事物不是自然，只有构成它们的形式和质料才是自然。这种观点，是亚里士多德自然观的根本前提和特点之一，具有深刻的理论意义，其所涉及的"自然""自然物""由于自然"这几个概念的关系，我们将在下一节予以论述。

再次，"形式比质料更是自然，因为每一事物在其现实地存在时而不是潜在地存在时被说成是这个事物更为恰当些"。（mallon hautee phusis tees hulees; hekaston gar tote legetai hotan entelekheiai eei mallon ee hotan dunamei.）[3] 这是亚里士多德第一次明确地将"形式"和"质料"在"自然"的含义角度上放在一起作比较。应该承认，他的观点是正确的，因为任何事物，只有在它获得形式时，才是现实的存在物，也才能被称为该事物。而且，也只有形式，才能使质料成为可定义的主体，使潜能成为现实。

---

[1] *The Physics*, p. 504.
[2] 《物理学》193^{b7}。
[3] 《物理学》193^{b8-9}。

（三）"自然又被说成是生成，因为生成是导向自然之路"（eti d hee phusis hee legomenee hoos genesis hodos estin eis phusin）[1]

这是 phusis 的词源意义，本无多少新意，但值得我们重视的是，亚里士多德把它作为论证形式是自然的一个论据。在他看来，生成或生长本身只是一种活动，不是严格意义的"自然"，只是在它导向"自然"的意义上，才被算成为"自然"。因为所谓"生成"或"生长"，是指一物成为或长成另一物。"那么，它长成什么事物呢？不是长成它由以长出的那事物（eks hou），而是长成它趋于长成的那事物（eis ho）。"[2] 它"由以长出"的东西，是质料；它"趋于长成"的东西，则是形式，因此，形式就是自然。正是在导向形式的意义上，"生成"或"生长"才被说成"自然"。

这里的说法，与他在《形而上学》1015[a16-17]中的见解是完全一致的。因为在那里，他把"生成"和"生长"被称为"自然"的原因解释为"由于其运动源出于"实体即形式。正因为"生成"和"生长"是"趋于"或"导向"形式的，形式才作为动力因和"所为因"引起了运动。

（四）"自然就是目的和所为的东西"（hee de phusis telos kai hou heneka）[3]

"自然"的这层含义，在亚里士多德那里地位特别，因此也需

---

[1] 《物理学》193[b13]。
[2] 《物理学》193[b18]。
[3] 《物理学》194[a28]。

第四章 重识"自然"

要我们予以特别的注意。

因为第一,它是前述的《形而上学》对"自然"作辞典性规定时所没有出现的(不知道是什么原因,连厚厚的、权威性的《希-英大辞典》在解释"自然"一词时,也没有罗列这层含义)。

第二,亚里士多德在叙述"自然"的前述三种含义,即"质料""形式""生成"时,用的都是"被认作""被说成"等转述性、介绍性语词,唯独这层含义没有用这类字眼,而是非常肯定地用了"就是"(当然,他的古希腊原文也没有出现 estin 这类文字,只是后来的人在用其他文字翻译这句话时,不得不加上"就是"二字,英语如此,汉语亦如此)。这至少说明,在他看来,前人没有从这个方面去理解和规定自然,把自然视为目的和"所为",是他的独创。

"目的"(telos)即"终点""目标""结束"。"所为的东西",他用的是 hou heneka, "洛布古典丛书"本意译为 for the sake of which the rest exist,[①] 巴内斯(J. Bunes)全集本直译为 that for the sake of which。[②] 无论怎样翻译这个短语,意思都是清楚的:亚里士多德不把"自然"视为对象,更不视为手段,而强调它是其他东西所追求、所为了的目的。这种"自然目的论"或"自然所为论"思想,是亚里士多德自然观全部内容中最具特色也最为深刻的地方,是他拯救自然的最好措施之一。在本书第五章中,我们将展开讨论这方面的内容。

---

① *The physics*, Vol. 1, p. 123.
② *The Complete Works of Aristotle*, p. 331, Princeton University, 1984.

三 《形而上学》和《物理学》对"自然"规定之异同

前面,我们以两节的篇幅分别地简要概述了亚里士多德在《形而上学》和《物理学》中对"自然"一词的多方面含义所作的具体规定。现在,我们要更进一步,把这些含义集中起来,进行比较分析,较为详细深入地讨论两本书中对"自然"规定的相同之处和相异之处,并试图解释造成这些差异的各种原因。

不言而喻,两书对"自然"的规定,有不少相同或近似的地方。这种相同性,主要表现在以下四个方面。

一是都坚持"多种意义述说"的方法论原则。在两本书中,亚里士多德都比较好地自觉贯彻了自己奉行的"多种意义述说"原则,不独断妄语,不偏执一义,不以简单的、虚无的态度对待前人,而是尽量把别人讲过的和自己认为的含义尽数列出,以求公允,并以此开阔学生的思路。往深处讲,也只有坚持"多种意义述说"原则,不独尊一言,才有科学探索,才有哲学思辨,才有思想之树的常青,反之,只会窒息思维,哲学也就终结了。同时,他也并不是一味地展览式罗列,而是分总结合,主次分明,在以不同方式(《形而上学》中是以最后总结的方式,《物理学》中则是以首先定义的方式)强调一种根本含义的前提下述说其余意义。

二是都力图依据自己建立的原因学说对"自然"含义进行分类。亚里士多德的原因学说,是他整个哲学体系的核心内容之一,无论讨论什么问题,他都自觉不自觉地以其中的四因论——质料因、形式因、动力因、所为因为依据去分类考察。从前面所述明显可以看出,他在两本书中对"自然"进行界定时,也基本上是这样做的。区别只在于，《物理学》做得更为彻底（因为他是在以"原因"为论述主题的第二卷中考察"自然"的）。至于这样做是否恰当，我们此处不作评论，留待后面再说。

三是都强调了"自然"的词源意义。但是我认为，他的意图，并不只是简单地承认"自然"有"生成"与"生长"的普通含义（这对他的学生或者读者来说，是众所周知的常识），而是要透过这层看似简单的含义，强调自然活生生的、运动变化的有机本性，力图在生命的意义上，在流动的过程中来理解和规定自然。

四是都强调"自然"的"本性"意义。由于他是站在思辨自然观的层面来界定自然的，所以，在"自然"一词的两大意义（即"从出"意义的"本原"和"所是"意义的"本性"）中，他更强调"本性"的这一方面，即强调"内在的东西"，强调"形式"（虽然他不像巴门尼德、苏格拉底等人那样，把两种意义对立起来，而是力图统一它们）。正因为如此，他也强调"自然"的本然和必然，强调"在自身中""作为自身""由于自身"，尽力把"由于偶性"的情形排除出去。

当然，出于多种原因，在这两本书中，亚里士多德对"自然"的规定也存在着诸多的差异。而且，对于本书的写作意图来说，深入地比较这种差异更为重要，也是我们应该更加关注的。

概括而言，这种差异主要有以下三点。

第一，突出的重点不同。《形而上学》把"自然"最初的和首要的意义规定为"在作为自身的自身之内具有运动本原的事物的实体"，并以此定义来统率其他含义，突出的重点是"实体"，即本质或形式。《物理学》虽然讨论了"自然"的多种含义，也表现出对于形式的明显重视，但真正作为定义提出来的，却只有一个：由于自身而不是由于偶性地存在于事物之中的运动和静止的最初本原和原因。显然，他在这里突出的重点是动变之源，即"动力因"本身（在《形而上学》里，这只是"自然"的分类含义中的第三层，在总括时被作为定语放进了前述那个"最初的和首要的意义"内）。虽然按照他形式、动力、所为这三个原因可以合一的思想，两个不同的突出重点可以沟通，并非截然无关，但二者毕竟不能画等号。

造成这种差别的原因，我认为可能有两个。

一是词源上的。《形而上学》中的"自然"，更指"本性"。《物理学》意义上的"自然"，更指"天然"，即非技术、非人力所致的东西，因为亚里士多德本来就是为区别自然物和技术物而提出对"自然"的定义的。

二是思想内容本身的。《形而上学》是他系统研究第一哲学的著作，全书的中心内容是讨论"实体"问题，所以，从"本性"意义上理解"自然"，将它往"实体"上引，并提升为实体，就是自然而然的思路和做法了。相反，《物理学》是研究第二哲学即自然学的，全书除前提性地指出自然事物生成和存在的根据和条件（即本原和原因）之外，大部分内容都集中在讨论"运动"问题，因此，从动变的角度来规定"自然"，也就不奇怪了。

第二，某些重要的提法不同。这方面的差异，又主要表现在三点上。

一在具体含义的规定上。虽然两书对"自然"含义的"多种意义述说"多数相同或相近，但区别还是不小。最明显表现在：《形而上学》断言"所有实体都是自然"，而《物理学》则根本没有把实体与自然联系起来考察的意思，甚至连 ousia 这个词也很少出现；反过来说，《物理学》明确断言"自然就是目的和所为的东西"，并且以此论断为基础建立起他极富特色的自然目的论或自然所为论，但在《形而上学》第五卷中却毫无这种观点的痕迹（telos 和 heneka 之类的字眼根本就没有出现）。前述的两书主题和中心内容的不同，是造成这种差别的根本原因。

二在重要概念的使用上。这方面的差异集中表现在他对 eidos 和 morphee 不同的态度。《形而上学》在规定"自然"时，无论是前面分述还是最后的总括，亚里士多德都没有明确地把"形式"和"形状"列为一类单独的含义，只是在阐释"实体是自然"这层含义时，才提到形式和形状，并认为它们和原始质料也是"自然"。《物理学》则不然，他不仅明确宣称"自然被视为形状和形式"，而且认为形式比质料更是自然，使"形式"在这里基本上取代了"实体"在《形而上学》中的重要地位。

三在对质料运动能力的认识上。虽然在两本书中，他都承认，可以把"质料"视为自然，因为它是自然存在物生成所从出的内在原始材料，而且，两书也都指出了质料本身"无形状"或"尚未成形"，但是，在质料与运动能力的关系问题上，两书的看法是很不一样的。《形而上学》明确指出，最初质料没有源于自身能力的变化，而原始质料"有双重意义，或者是对自身来说的最初，或者是一般意义上的最初"[①]，前者指事物的直接质料，如铜器的青铜，后者指事物的终极质料，即水、火、土、气四种元素。按照这种观点，用一个简单的三段论就可推出结论：元素没有源于

---

① 《形而上学》1015 $^{a10-11}$。

自身能力的变化。①。但是《物理学》的说法却是：水、火、土、气等元素（他称为单纯物）属于由于自然而存在的东西，而凡是属于这类东西的，都明显地在自身之中有一个运动和静止的本原，所以，当然也就有源于自身能力的变化。

第三，论述的角度不同。《形而上学》第五卷，被学术界一致称为"哲学辞典卷"。因此，其中对"自然"的规定，是从辞典释义的概念解读角度切入的。《物理学》集中讨论"自然"含义的是第二卷第一、二两章。而整个第二卷的主题是原因学说，所以，这里的规定和论述，是从原因分析的问题讨论角度切入的。正是因为论述的角度有所不同，才导致了在突出的重点、具体的规定等方面的上述差异。由于这方面的差异在文本中显而易见，我们不再多说。

---

① 这个三段论是：$\dfrac{\text{最初质料没有源于自身能力的变化 \quad 元素是最初质料}}{\text{元素没有源于自身能力的变化}}$

第三节

与 "自然" 有关的几个术语

"自然"（"本性"）一词，在亚里士多德的著作中是一个出现频率非常高的概念（即使是在他的伦理学、政治学、诗学等实践科学和创制科学的著作中也经常出现）。除了用作主语的 phusis 和用作宾语的 phusin 外，亚里士多德还充分利用 phusis 一词数和格等的变化及其与其他语词的搭配，提出并阐述了一些与 phusis 有关的重要术语。简要地分析这些术语，对于进一步弄清他对"自然"概念的规定和使用，并进而理解他的自然观乃至整个思想体系，是极为重要的。

一 "自然物"与"由于自然"

自然物不是自然，这是亚里士多德的一个非常重要的前提性观点。从概念的含义上看，这不难理解。因为无论是在《形而上学》还是在《物理学》，也无论他是从哪种角度去定义或解说"自然"的，其着眼点都是把自然物作为生成了、存在着的既成的东西，去探寻它们何以存在或生成的根据、条件和原因，或者去揭示它们"生"与"长"的性质和状态,而不是把它们本身等同于"自然"。

从词语的选择使用来看,亚里士多德原则上也是严格注意其区分的。他充分利用希腊语词性(名词、动词、形容词等)的变化和不同性别的冠词强调重点的不同,区别出了"自然"、"自然物"、"自然学"(即"物理学")和"自然学者"(即"自然哲学家")等概念。

phusis 的形容词原形,阳性为 phusikos,阴性为 phusikee,中性为 phusikon,意思是"自然的、属于自然的"等。亚里士多德通过在这些形容词前面加不同冠词的做法,不仅使其名词化,而且借以表达着很不相同的意义。由于在古希腊语中,对形容词名词化的阳性处理一般表示"人",阴性处理一般表示"性质",中性处理一般表示"状态",所以,亚里士多德用阳性主格 ho phusikos 及其生格 tou phusikou、因格 Ton phusikon 等来表示"自然哲学家"(见《物理学》193^{b24}、193^{b27}、194^{a16}、194^{b10}等处),用阴性主格 hee phusikee 及其因格 teen phusikeen、生格 tees phusikees 来表示"自然学"或"自然哲学"、"物理学"(见《物理学》193^{b27}、194^{a11-12}、194^{a27}等处),用中性主格 to phusikon 和它的多数形式 ta phusika(或 ta phusika somata)以及各个变格形式来表示"自然物"(或"自然物体")(见《物理学》193^{a34}、193^{b25}、193^{b32}、194^{a1}、194^{b8}等处)。鉴于这里讨论的问题是"自然"和"自然物"的区别,因此,我们不再展开说明"自然学"和"自然学家",仅引用他关于"自然物"的几句话作为代表来作分析。

第一句(193^{a32-34}):"正像把由于技术的东西和技术物称为

技术一样,合乎自然的东西和自然物(to phusikon)也被称为自然。"

这句话出现在亚里士多德论证形式是自然的那段话中。如果孤立地仅从这句话看,亚里士多德恰好在说"自然物"可被称为"自然",似乎认为二者可以等同。但联系上下文,我们便可以明白,他借助技术物的类比所要阐明的意思是:一物的自然(即本性)不是它所由构成的质料,而是决定它之为它的形式。技术物之所以为技术物,其根据在技术;同理,自然物之所以为自然物,其根据在自然。根据就是本质,就是形式,所以,形式即自然。

第二句(193^{b24-25}):"因为自然物体(ta phusika somata)都具有面、体、线和点,数学家也正好要研究这些问题。"

第三句(193^{b31-34}):"数学家尽管也要从事点、线、面、体的研究,但并不把它们作为自然物体(phusikou somatos)的限界,也不把它们作为属于这些物体的偶性来考虑。"

第四句(194^{a1-2}):"那些主张理念的人并没意识到他们也这样做了;因为他们分离了自然物(ta phusika),而自然物是不能像数学对象那样被分离的。"

上面引证的三句话都是亚里士多德在讨论自然学家和数学家研究对象的区别时讲到的。他的观点是:虽然他们都要研究点、线、面、体等问题,但自然学家不将它们与自然物分离,而是作为自然物的限界和属性一起考虑,数学家则将它们分离出来作抽象的、静态的研究。柏拉图学派的错误正好出现在这里,他们本来是要从哲学上研究自然物,但是,却像数学家那样作了分离的处理。

第五句(194^{b7-8}):"在技术产品中,是我们为了所实现的目的而制作质料,但在自然产物(tois phusikois)里,质料都是自然本身所具有的。"因为技术物都是人造的,人在造物时,总是依据其不同的目的选用和改造质料,以实现所造物的功能。相反,自然物是自然而然生成和生长的,其质料亦是自然本身所有,非人为造成。

总之,"自然"和"自然物"不仅在词性上不同,在含义上更是相去甚远,不能将其混为一谈。无论"自然"的含义是质料、形式、自身动变根源、所为还是生成和生长,指的都是事物的根据、条件、原因或状态,而不是自然物体本身。

但是,"自然物"与"自然"也并非截然无关。除了词源上的联系外,更主要在于,"自然物"不是别的什么东西,只是"由于自然的存在"。所以,要更好地弄清"自然"的含义及其与"自然物"的区别,就有必要讨论"由于自然"这个概念。

"由于自然"的原文很简单,就是一个单词 phusei。它是 phusis 的予格形式,英文通常译为 by nature。按照一般的希腊语文法,予格的基本功能是表"给予",所以,phusei 具有"自然给予"和"被自然产生"的意思。"由于自然的存在"(ta phusei onta)也就是"自然给予的存在"。"自然"所给予存在物的,有两大方面,一是"本原"意义上的载体,二是"本性"意义上的根据。因此,在前一种意义上,"由于自然"也可译为"源于或出于自然"(同义于另一短语 ek phusin),在后一种意义上,则可译为"依据或合乎自然"(同义于另一短语 kata phusin)。

"由于自然"是亚里士多德使用得比较多的一个术语(正因为用得多,就无必要也没办法一一引述)。与此相对应的,是另外两个术语:tekhnei("由于技术"或"技术给予")和 nomoi("由于习惯、律法"或"习惯、律法给予")。他的意思很明显,"由于自然的存在"是指那种被"自然"产生或给予的天然存在,既无技术造成的痕迹,也无习惯养成或律法规范而成的印记。这种存在,就是简称的"自然物"。

二 "合乎自然"与"反乎自然"

"合乎自然"与"反乎自然"也是亚里士多德经常使用的一对反义词,最常用于讨论事物及其运动的场合。比较而言,"合乎自然"由于含义多些,因而用得广义些、频繁些,"反乎自然"则由于用得狭义、专门,因而出现频率低些。

如前所述,"合乎自然"的古希腊原文是 kata phusin 这一短语。由于 kata 一词具有"合乎""根据""按照""依凭"等多种意思,所以,kata phusin 也就有了多种译法。英文根据不同的上下文意思和不同的对应词,有时译为 in virtue of nature,有时译为 according to nature,更多的时候意译为形容词 natural。笔者在翻译《亚里士多德全集》有关著作的过程中,为求得译名的统一,不致对中文读者造成理解的困难,统统将 kata phusin 汉译为"合乎自然"。

按照亚里士多德的见解,"合乎自然"有两层含义,一指"自然物",二指自然物的"属性"。"合乎自然不仅指这些自然物,而且也指那些由于自身而属于这些事物的属性,如火被向上地移动。"[①] 如果某物是"由于自然"而存在的,其本原和本性是"自然"给予的,如果该物表现出来的属性是自身具有且本性使然

---

① 《物理学》192^{b35}。

的，那就"合乎自然"。虽然亚里士多德在这里没有对"由于自然"和"合乎自然"作出区分，而是同义使用，但二者是有区别的：凡自然产生和给予的事物都是 phusei，但只有按照自然"计划"发生的东西才是 kata phusin。[1]

"反乎自然"（para phusin）这个术语基本上是在与"合乎自然"相对立的意义上结对使用的，而且含义很明确，专指"违反本性"。"违反本性"的东西和行为不是自觉自愿、本性使然的，带有强制性，所以，亚里士多德经常把"反乎自然"和"强制的"（biaios）等同使用，以对应"合乎自然"。他甚至明确指出："强制与反乎自然是相同的。"[2] "如果事物的被运动由于强制，就是反乎自然的，如果不是由于强制，就是合乎自然的。"[3]

"反乎自然"一语，主要出现在亚里士多德讨论运动的一些场合，集中在《物理学》第五卷和《论天》第一卷。在他看来，事物的一切运动都或者是"合乎自然的"，或者是"反乎自然"的，但严格地说，在三种运动方式中，只有地点方面的运动存在着合乎自然与反乎自然的问题，性质变化、数量增减都无所谓合乎自然或反乎自然。例如，"康复并不比患病更合乎自然或反乎自然；与变黑相比，变白也无所谓更合乎或反乎自然；增长与减少方面亦如此（因为增减双方彼此之间没有一方合乎自然另一方反乎自然这样的对立）"[4]。地点方面的运动则不然，向上与向下是对立的，对于某个事物来说，一方为合乎自然，另一方为反乎自然。

---

[1] see W. D. Ross, *Aristotle's Physics*, p. 502.
[2] 《论天》300 ^{a24}。
[3] 《论天》305 $^{a28-29}$。
[4] 《物理学》230 $^{a22-26}$。

火向上的移动和土朝下的移动都是合乎自然,反之则是强制的,反乎自然。它们的停顿即静止亦如此:"对于土来说,在上面的停顿是反乎自然而发生的,由上向下的运动则是合乎自然的。"① 火之所以合乎自然地向上移动,土之所以合乎自然地朝下移动,根源于它们各自本性的不同,火的本性是轻(它既热又干),土的本性是重(它既冷又湿),轻上重下,自然而然。只有在反乎自然的外力强制作用下,重的土才向上移动或在上面停顿。

从亚里士多德对"合乎自然"和"反乎自然"这两个术语的使用可以明显看出,其中的"自然"一词,专指"本性"或"本质",而不指"自然"的其他含义。这也是"由于自然"和"合乎自然"的区别之一。因为如前所述,"由于自然"包含"来源""构成"之类的本原意义,其中的"自然"一词也可以指"质料"。

三 "具有自然"

在亚里士多德所使用的与"自然"概念有关的几个术语中,意思最明了、出现次数最少的一个短语是"具有自然",所以,我们也不多讲,只是在本节最后简要提及。

"具有自然"的原文是 ekhei phusin,典型的动宾结构句,主语是"事物"。按照亚里士多德的说法,"只要具有这种本原的事物就具有自然"②。这里所说的"这种本原",指他上文说的在自身之内具有的运动和静止的本原,即他对"自然"所下的定义。

---

① 《物理学》230^{b19-20}。
② 《物理学》192^{b33}。

所以,"具有自然"中的"自然",也显然指这个自身内部的动因。

通过上面对亚里士多德在《形而上学》和《物理学》等著作中对"自然"概念的含义所作规定的概述和分析,我们在本章的最后,可以总结性地得出以下三点重要结论。

第一,从严格的意义上讲,亚里士多德是西方哲学史上对"自然"作专门的定义性规定并进行深入概念阐述的第一人。正如我们在本书第一章回顾亚里士多德以前希腊哲学自然观的历史演变时所看到的,他以前的思想家,都只是现成地运用这个概念,或用其他概念来表述这个概念,没有对"自然"概念本身进行正规考察。对"自然"下定义并给予多方面的分析,这是亚里士多德对自然观的一个前提性贡献。

第二,亚里士多德是把对"自然"的概念规定和对事物本原、原因和实体的探讨结合起来进行的。综合他在不同场合的表述,我们可以发现,他所理解的"自然"的主要含义,就是事物生成和存在的最初本原、根本原因和实体。这几种说法在本质上是统一的,只是角度不同。

第三,亚里士多德对"自然"的规定,是对前人思想的综合和超越。如果我们把亚里士多德对"自然"的多种意义述说拆散,分开来看,可以说,他提到的几乎所有的内容都是前人或明或暗、或多或少、或直接或间接地讲到过的(尽管他本人并不完全这样认为),他的历史贡献,似乎只在简单地综合,并在综合基础上突出重点。但实质上,如果我们从整体上来把握他对"自然"含义的理解和规定,并透过这些规定去感悟他的深刻意图,就可以发现,他的真正功绩不仅在综合,更在创新,即重塑自然概念。

他的这种创新，主要表现在以下四个方面。

首先，把前人已经分开了的"自然"的"本原"和"本性"两重意义（尤其是在持"二重化自然观"的哲人那里）重新归并，有机地结合在一起，把"从所出"和"其所是"统一起来，用"本原"统称，断言"全部本原的共同之处就是存在或生成或认识由之开始之点。它们既可以内在于事物也可以外在于事物。正因为这样，自然是本原，而元素、思考、选择、实体和何所为或目的都是本原"[1]。由于这种统一，历史性地结束了前人在对自然含义理解上的各执一端、众说纷纭的混乱局面，为重新建构自然哲学体系打下了坚实的概念基础。

其次，明确宣称自然物不是"自然"，只是"具有自然"和"由于自然"而存在的东西，在理论上划清了自然与自然物的界限。这种区分，有着重要的理论意义，既保持了自然的本然性，又承认了自然物的客观实在性，从而避免了前人的两极化错误。一极，是伊奥尼亚的物化自然观者们把自然理解成自然物的简单化倾向以及智者、苏格拉底等人把自然理解成自然界的对象化倾向；另一极，是神化自然观者和巴门尼德、柏拉图等人否认自然物的实在性，把自然视为意见对象甚至神的创造物的神秘化倾向。

再次，强调自然是实体。这个"实体"，指的当然不是质料，也不是质料与形式组合而成的具体事物（这是自然物），而是形式或本质。突出形式或理念的地位，本来是柏拉图的刻意追求，并非亚里士多德首创。但亚里士多德的创新之处恰恰表现为，既突出了形式的决定性作用，又不把它与事物分离开来。

---

[1] 《形而上学》1013^{a19-24}。

最后，突出自然的所为性或目的性。对目的学说的倡导，始于苏格拉底和柏拉图（在毕达戈拉斯那里就有痕迹）。但他们主张的目的论，本质上是神或理智支配万物的外在目的论。亚里士多德揭示的自然"所为"或目的的含义，则以自然是事物自身内存在的动静本原为前提，强调的是内在目的原则。这种观点，不仅深化了希腊人固有的自然有机论和自然整体论观点，而且也把自然当成目的而不是手段。

破与立相结合，是亚里士多德重要的思想方法之一，在自然观上更是如此。在对前人自然观念进行批判性总结的基础之上，在对"自然"概念进行系统清理和正规定义之后，他逐步建立起了自己的自然哲学体系，出色地完成了拯救自然的历史任务。

亚里士多德的自然哲学体系非常庞大和杂芜。如果按照他自己的科学分类观点，他留传下来的现存著作中，有超过五分之二的内容属于自然哲学（或自然学），翻译成中文大约有一百二十万字，这还不包括他在《形而上学》等著作中涉及自然哲学的部分。这些作品的内容，大致可以划分为五大类。

一是以《物理学》为代表，讨论自然学的基本原则和一般原理（如本原、原因、时间、空间、运动等）。

二是以《论天》为代表，讨论自然天体的问题（如天体的构成元素及运动、天象等）。

三是以《论灵魂》为代表，讨论灵魂问题（如灵魂的本质、功能等，被后人称为心理学和认识论方面的著作）。

四是以《动物志》等为代表，集中讨论动物学方面的问题（如动物的生成、运动、构造等）。

五是以《问题集》为代表，分散讨论多种自然现象或问题（其中多数作品属疑伪）。

上述一、二类作品，被编入中文本《亚里士多德全集》第二卷；第三类作品在《全集》第三卷；第四类作品篇幅较大，分别在《全集》第四、五卷；第五类作品在《全集》第六卷。

这一百二十万字的东西，在今天看来，大多应被归入动物学、植物学、气象学、心理学、天文学等具体学科的范围，而且很多观点和结论是过时的和错误的，至多只具有科学发展史的意义（当然，如果不从内容来评判，我认为它们最大的意义在于生动反映了亚里士多德热爱智慧、探索奥秘、努力求知的真实情形和理性精神），真正属于今天所谓的"自然哲学"讨论范围的，只有《物理学》和《形而上学》以及其他著作中的一些内容，加起来不足四十万字。

由于主题和写作角度所限，本书不打算全面讨论亚里士多德自然哲学的所有内容（尤其是时空理论），只想集中探讨它的"自然所为论"、"自然动因论"和"自然实体论"。因为这"三论"，不仅是构成他整个自然哲学体系的核心理论支柱，而且也是他的自然观区别于前人、启迪于后人的最具特色和意义的内容。

第五章

自然所为论

第五章 自然所为论

"自然"不是机械的、僵死的东西,而是能动的、鲜活的有机体,它有生命,有追求,有所为。这是亚里士多德自然观最具特色也最为深刻的内容之一。所以,在批判前人的基础之上建立"自然所为论",就成了他重建自然观的首要任务。

对自然所为论的阐述,是他整个自然观着墨最多,涉及面最广的部分。除了在《物理学》第二卷给予集中论说以外,他还在《论天》《论动物部分》《论动物生成》《形而上学》《尼各马科伦理学》《政治学》等书的有关部分谈到了这个问题。本章的考察,主要以《物理学》和《形而上学》的内容为依据。[①]

[①] 本章的写作,参考了笔者自己发表在论文集《思辨的幸福》(中国人民大学出版社2000年)的拙文《论亚里士多德的目的学说及其与神学目的论的区别》中的部分内容。

第一节

为什么自然有"所为"

明确肯定自然有"所为",这是亚里士多德一贯坚持的基本立场。他在不同的场合多次明确指出,自然不会无"所为"地或不必要地做某事,它的所有活动和过程都是趋于某个目的或为了某种东西。在《论动物部分》第一卷的 639^{b21} 甚至指出,"所为因或善在自然产物中比在技艺作品中更为重要"。

那么,为什么自然有"所为"呢？在《物理学》第二卷第八章中,他集中而比较系统地说明了这个前提性的重要问题,明确提出了三个方面的论证。我们现在站在现代逻辑学的立场上,将其归纳整理如下。

第一,用不相容的选言推理证明,从否定自然现象的和谐与秩序出于"机会"(tukhee,也可译为"运气""偶然"等)推论出它们是有所为。

亚里士多德指出,在由于自然而存在着的各种事物中,存在着大量的和谐有序现象。例如,降雨使谷物生长；冬季常下雨,夏天总炎热；植物叶片向上伸展以摄取阳光,根须向下伸延以吸收养分；人和动物的牙齿总是门齿锋利以便撕扯，臼齿宽厚以便咀嚼等。这些情况的存在，只可能是由二者择一的原因所引起，要么是出于机会的巧合，要么是出于有所为。但是，他坚定地认为，它们不可能是出于机会。"因为这些以及所有出于自然的事物都总是如此或经常如此地生成着，没有一个是由于机会和自发的。"①

通过否定一个选言支而肯定另一个选言支的规则（虽然逻辑学上的选言理论不是他创立的，但他显然自发地使用过这一理论），他得出了如下重要结论：

> 如果要么认为是由于机会，要么认为是为了什么，而且，如果事物既不是由于机会也不是由于自发，那么，就应该是为了什么。但是，所有的这类东西都是由于自然而存在着，即使与我们意见不同的那些人也会承认这一点。所以，'何所为'存在于那些由于自然而生成和存在的事物中。②

第二，用类比推理证明，从技术产品有所为推论出自然产物有所为。

他认为，"在任何具有一个目的的过程中，人们安排先行和后继各个阶段都是为了这个目的。而且，作为在行为中的，在自然中也会这样，反过来，作为在自然中的，在每一个行为中也会这样，假如没有什么阻碍的话。既然在行为中的是为了什么，那么，在自然中的也当然是为了什么"。

按他的看法，技术行为一般分为两种性质，"有些是完成自然

---

① 《物理学》198^{b32} - 199^{a1}。
② 《物理学》199^{a5-8}。

所不能做到的事情,有些则是摹仿自然。所以,如果按照技术的东西有所为,那么显然,按照自然的东西也就有所为。因为不论是在按照技术的产品里,还是在按照自然的产物里,后继阶段对先行阶段的关系都是一样的"①。

第三,用省略了的复合三段论推理来证明,从自然是形式推出自然有所为。

他这个推论的全文如下:"既然自然一词具有两层含义,一是作为质料,另一是作为形式,而形式就是目的,其他的一切都是为了这目的的,那么,形式就应该是这个'何所为'的原因。"②

如果把他的论证过程整理出来,其推理的公式是这样的:

$$
\begin{aligned}
&自然是形式 \quad (A)\\
&形式是目的 \quad (B)\\
&\underline{目的是所为 \quad (C)}\\
&所以,形式是所为 \quad (D)
\end{aligned}
$$

这是由两个三段论构成的复合推理。在这整个推论中,他省略了两个结论:一个为"自然是目的",它是(A)、(B)两个前提的结论;另一个为"自然是所为",它是以(A)、(D)两个判断作为前提得出的结论,也是他整个推论所要证明的真正观点。之所以省去了这两个结论,我认为,可能是他认为已经清楚明白,没有必要再讲出来。

毫无疑问,亚里士多德的这三个论证虽然较为全面,既有经

---

① 《物理学》199 [a10-20]。
② 《物理学》199 [a1-34]。

验观察基础之上的思考和追问，又有纯粹理论层面的逻辑推论，但是，从严格的意义上讲，还是比较简单粗糙的，远远谈不上细致精微。仅仅从逻辑学的角度对其进行分析，也可以发现一些明显存在的问题。

譬如首先，在第一个论证中，选言支的确立就不完全，因而就无法保证结论的必然有效性。因为自然事物的秩序来源，不应该只限于要么由于机会，要么由于所为这两种原因，也可能由于必然。亚里士多德仅把"机会"和"所为"作为两者择一的选言支，其大前提的设置显然是武断的、片面的。

其次，第二个论证完全靠类比推理来说明问题，而众所周知，类比推理的结论是没有必然性的（当然，或许是为了增强其论证的可靠性，他加上了有些技术是"摹仿自然"这一重要前提）。

最后，第三个论证完全是三段论第四格的 AAA 形式，按照现在严格的有关逻辑规则，也不是必然有效的。

当然，上面的三点质疑，是我们站在今天的普通逻辑理论的立场上提出来的，对于两千多年前的亚里士多德，显得有些苛刻。

但是，通过这些论证，我们却可以明显发现他思想深处的某些重要特点。

其一，把事物的因果联系视为一个连续的过程，目的或"所为"只是这个过程的终点，而不是孤立于过程以外的另外什么存在。

其二，形式就是事物的目的或"所为"，事物追求形式与追求目的是一致的，形式因与所为因可以合二为一。

亚里士多德进一步认识到，自然虽然有所为，但其情形是千差万别、复杂多样的，不能笼统看待、简单处理，更不能一见特殊情形就大惊小怪，从根本上否认自然有所为。他主要分析了两种情况。

一是"有所为也存在于植物之中，只是准确程度差些罢了"①。他是要告诉人们，植物作为由于自然而存在的有生命之物，当然有所为，不要因为其准确程度不如动物（尤其是人）就予以否认。

二是老老实实地承认有差错现象发生。"在按照技术的行为中会出现差错现象，例如文法家写错了字，医生用错了药，那么显然，在按照自然的事物中也可能会出现同样现象。如果说在有些按照技术的产品中，正确的是有所为，差误的也是力图有所为，只是错过了，那么，在自然产物中也会具有同样的情形，畸形就是错过了它所为的那个东西。"② 他是在提醒人们，既然差错在我们人类有意识控制的技术行为中也难以完全避免，而且会经常出现，那么，在根本没有人的意识作用的自然产物中，出现这些情形就更加不足为奇了。

必须指出，虽然亚里士多德始终坚决反对以德谟克利特为典型代表的，把一切归结为必然性的决定论观点，坚持自然有所为的目的论立场，但他并不一概否认必然性的作用。他明确指出："在自然物中的必然性，就是我们所说的作为质料的东西以及它的运动。"③ 姑且不论他把必然性理解成质料及其运动是否正确（这根源于他对原因的四种分类的观点），仅凭他的这种规定，也可以

---

① 《物理学》199^{b10}。
② 《物理学》199^{a35}－199^{b5}。
③ 《物理学》200^{a23}。

明显看出,他承认了必然性的作用。虽然自然物的生成不是为了必然的东西,但如果没有具有必然本性的东西,生成就不可能。例如木工用的锯子,虽然它的目的是锯东西,但"假若锯子不由铁制成,它的所为也就不能实现。所以,如果要有锯子并让它进行锯东西的活动,它就必然由铁制成"①。

需要特别注意的是,他甚至认为,我们不必刻意地在任何事物中都去寻找所为因,因为有些东西是产生于必然性的。这方面的论述很多。

譬如《论动物部分》第一卷 642^{a2-3} 中说:"尽管自然偶尔利用分泌物完成有益之事,但决不能试图由此探索到这种活动的终极所为。某些成分为了确定的目的而存在,但许多其他成分只是出于必然因此而存在。"

《论动物生成》第二卷 743^{b15-16} 中说:"我们必须重申所有这些东西的生成一方面出于必然性,另一方面并非出于必然性,而是为了某种目的。"

在该书第五卷 778^{a32}-778^{b2} 中,他以眼睛为例说明这个问题:"眼睛为了某种目的而存在,但蓝色并非为了某种目的而存在,除非这种状态是某种动物的个别特征。实际上,在某些情况下这种状态与动物的逻各斯毫无联系,相反,我们认为它是必然性产生的,因此其原因必然归结为质料和运动的本原。"

在该书第五卷结束时,他也以某些牙齿脱落可以再生,而另一些则不能等身体状况为例,说明"这些状态不是为了终极目的而存在,而是出于必然性,根据动力因存在"。

---

① 《物理学》200^{a12-13}。

作为一位尊重事实、注重细节的生物学家，亚里士多德作出上述的论断是完全正常的。

当然，亚里士多德承认必然性的作用并不等于他把必然性与所为因的地位等量齐观。一般说来，他是要让必然性的作用从属于所为论的原则，将其作为自然所为的一种补充，或者按黑格尔的话来说，他是把必然性视为目的性的一种外在的条件。①

通过一系列的论证和补充说明，自然为什么有"所为"的问题算是得到了基本的解答。对于我们的研究而言，现在要接着讨论的问题在于：自然如何有所为？遗憾的是，亚氏对这个问题的论述不像回答"为什么自然有所为"时那么直截了当，明确具体，而是有些转弯抹角，着墨也不多。这给我们的研究带来了麻烦。

---

① 《哲学史讲演录》第二卷第 310 页。

第二节

自然如何有所为

我认为，自然如何有所为的问题，实质上是自然所为与技术所为的关系问题。换言之，是自然所为或自然目的含不含有非自然的成分问题，或者说，自然追求目的的运动是源于自然自身内部的力量还是出于自然之外神的或人的意识的作用问题。弄清这个问题，对于正确理解亚里士多德的所为论思想和整个自然观极为重要，因为它直接关系到对亚氏自然所为论观点的定性。但是，正如剑桥大学谷思里教授所说，要弄清该问题又不大容易。主要的障碍来自以下两个方面。

一是亚里士多德自己有时喜欢使用的拟人化手法容易使人们的认识产生分歧。为了更好地说明自己的观点，他常常采用某些只适用于人类而对于整个自然却不太恰当的字眼来突出自然的所为这一原则。例如他这样说："自然又决不会做无道理或枉然之事"①,"自然总是追求最好的东西"②,"自然本身就择宜而行"③,"自然的所有创制活动都是合乎理性的"④ 等。如何看待他所说的这些话("做""追求""择行""理性"等),自然就成了仁者见仁、智者见智的事情。

二是由于"评论家们是按照个人的态度来回答这个问题的"⑤,因而不可避免地出现意见分歧。譬如黑格尔认为亚里士多德的观点是假定了"思想上一定统一性的理念自身实现着"。⑥ 罗斯则断言,亚里士多德的自然目的是一种无意识的目的。⑦ 英国学者阿尔蓝也认为,"事实上,亚里士多德认为一个过程可能是有目的的,但这并不是意识选择的结果"⑧。

尽管对这个问题的看法分歧很大,不可能(也不应该)达成一致的观点,但我坚持认为,亚里士多德强调自然有所为,根本用意在于表明自然是一个有机的统一整体,其自身之内有一种自然而然的和谐运动,有一股内在的、自我调整、自我实现的客观力量,而不是说像技术所为一样有理性或意志在起作用。

我这样说的理由,主要基于以下几点。

首先,如前面第四章所述,把一切事物区分为"由于自然"

---

① 《论天》291 ^{b14}。

② 《论生成和消灭》336 ^{b28}。

③ 《动物志》615 ^{a26}。

④ 《论动物生成》731 ^{a24}。

⑤ W. K. C. Guthrie, *A History of Greek Philosophy* (Vol. 6), p. 107. Cambridge, 1982.

⑥ 《哲学史讲演录》第二卷第312页。

⑦ W. D. Ross, *Aristotle*, p. 186, London, 1977. 参见中译本《亚里士多德》(王路译,商务印书馆1997年)第294、205页等处。

⑧ D. J. Allan, *Aristotle's Philosophy*, p. 33, Oxford, 1957.

和"由于技术"两大类,是亚里士多德自然观的一个前提性的基本出发点。

他明确指出,凡是由于自然而存在的事物都在自身之内有着运动和静止的本原,没有也不需要外力的作用,只有由于技艺而存在的人工产品才是人的意识和力量作用的结果。

其次,他常常是把"自然"和"思想"这两个概念对立起来使用的,因而不可能违背逻辑地又反过来让思想去支配自然。

这方面的例句很多,足以表明他的立场。譬如:

《物理学》第二卷 196^{b22-23},他明确指出:"有所为的事物有的由于思想而发生,有的由于自然而发生。"

在同一卷的 198^{a4-5},他认为自发和机会属于事物由以变化的本原之类,"因为总有某种原因,或者是由于自然的原因,或者是来自思想的原因"。

在《形而上学》第十一卷 1065^{a28} 中,他断言:"'为什么'存在于自然生成的东西中,也来自思想。"自然的活动不仅不需要意识的作用,也不需要任何中介性的手段,是自身独立完成的。他明确指出:"自然不能通过中介手段创制任何东西,它传递给质料的运动在自然本身的监视下就足够充分了"①。

正因如此,罗斯也断言,"自然中的目的论与思想活动明确对立"②。

最后,从他对"机会"和"自发"相区别的论述中也可以侧面说明自然所为是无意识的。

---

① 《论动物生成》730^{b26-28}。
② 《亚里士多德》中译本第 205 页。

他认为，机会和自发有共同点，因为它们"都是由于偶性的原因，存在于那些不是必然，也不是通常地可能生成的东西相关"。但它们是有区别的。其区别在于："自发的适应范围更广。因为一切碰机会的东西全都由于自发，但由于自发的东西并非全部都是碰机会。""凡不可能行为的东西都不能做碰机会的任何事情。正因如此，不论是无生物、低级动物还是小孩，都不能做任何出于机会的事情，因为它们没有选择的能力。"除非是用于比喻。但是，自发却能在其他动物和许多无生物中发生。"所以很明显，如果某物是在有所为而生成的一般事物之列，但是，由于外在的原因，当它的生成不是为了实际发生的结果时，我们就说它是由于自发。如果这些由于自发的事件是按照具有选择能力的人的选择而生成的，那就叫作由于机会。"①

他在这里对"机会"和"自发"这二者关系的论述是否合理，我们姑且不论（因为与本书的主题关系不大），但从这些论述中表现出来的自然所为无意识的观点本身却是不容置疑的，因为他所列举的没有选择能力和行为能力，因而只有"自发"没有"机会"的无生物、低级动物和小孩等，正是自然物的主要部分。

可见，自然是有所为的，这种"所为"的活动不由研究、策划、思考等意识行为所引起。"这种情形在其他动物方面表现得最为明显，它们不靠技术（tekhei），不作研究（zetesanta），不加思考（bouleusamena）地劳作（poiei）着。"②"如若由于看不见运动者有意图（bouleusamenon），就因此而不承认生成有所为，那也是

---

① 上述各引文见《物理学》197^{a33} – 197^{b22}。
② 《物理学》199^{a21-22}。

荒谬的。"①

与自然所为截然不同,技术所为的实现方式则完全是由人的意识作用所支配的。因为任何由于技术而存在的事物,就它们作为技术产物而言,在自身之内都没有运动或静止的本原,所以,不可能像自然物一样,自然而然地达到所为的目的。而且,技术产物的所为,往往不是自身,而是技术的主体即人。人为了达到自己的某种目的,往往靠自己的意识力量和选择及行为的能力,借助技术物这个中介来实现。由于这个问题显而易见,又不是他讨论的重点,所以,亚里士多德没作过多阐述。

总之,在如何有所为的问题上,"自然"与"技术"的主要区别有两点。

一在"所为"的实现方式上,自然是本性使然,技术是意识使然。

二在"所为"的实现目的上,自然在自身,其本身即为目的,技术则在技术者,技术只是手段,技术者才是目的。

既然自然有所为,既然自然由于本性使然的驱使所为的目的在自身,那么,它所为的到底是自身的什么?这是亚里士多德自然所为论的关键所在,必须搞清。

---

① 《物理学》199^{b27-28}。

第三节

自然所为什么

自然所为什么？亚里士多德在不同的地方有过多种不同的答案。我们分为几个层次逐一分析。

在《物理学》第二卷第三章和《形而上学》第五卷第二章，亚里士多德对事物生成和存在的原因都进行过正式的严格分类。在讲到"所为因"时，他是这样说的（两书的行文措辞完全一样）：

> 再者，原因作为目的，它就是所为的那东西，例如健康是散步的原因。因为若问他为什么散步，我们回答说，是为了健康。这样说了，我们就认为是已经指出了原因。
>
> eti hoos to telos toto de esti to hou heneka , hoion tou peripatein hee hugieia dia ti gar peripatei; phamen, hina hugiaineei, kai eipontes houtoos oiometha apodedookenai to aition.[①]

[①] 《物理学》194 $^{b31-35}$；《形而上学》1013 $^{a33-35}$。

第五章 自然所为论

显然,"所为"是个活动或过程,它要达到的东西是目的。这层意思,亚里士多德在《形而上学》第二卷第二章中讲得更为明显:

> 此外,还有个何所为,就是目的。它不为任何其他东西,而其他东西却都为着它。如果事物有了这样一个终端,它就不是无限制的,如果没有这种东西,也就没有何所为了。……如果不能期求达到某一界限,人就不会有所作为了。在世界上也就没有理智,凡是有理智的东西,永远是有所为而为,所为的东西就是界限(peras),所以目的就是界限。①

为了准确地把握亚里士多德的思想,我们有必要进行简单的词源和词义分析。这里以及亚里士多德的其他著作中所出现的"何所为""有所为""所为的那东西"等等术语,其规范性的原文表述是 to hou heneka einai,但他也经常简化为 to hou heneka, hou heneka, heneka tou 或干脆就只剩下 heneka。而中文译为"目的"或"终点"等的另一个名词,他在所有的地方都是用 telos。

to hou heneka einai 作为一个词组,其中心词是 heneka。heneka 的意思较多,如"为了……的缘故","为着……而(存在)","就……而言","根据……"等。

把这个词组直译过来,就是"为所为的那个东西而存在"。但是,这不像个术语,所以,我们译为"何所为"、"有所为"或"所为"。英文一般直译为 that for the sake of which a thing 或 for the sake of which,也有的习惯地意译为 final cause。有些人在汉译时

---

① 《形而上学》994^{b10-18}。

之所以将这个词组译为"目的因",极有可能是受了英文 final cause 的影响。从上面的引文可以清楚地看出,heneka 确实与"目的"密切相关,从这个意义上讲,译为"目的因"也不无不可。但严格讲来,它们是不同的两个概念,是不能混为一谈的。

比较而言,telos 的词源意义要复杂得多。按照《希-英大辞典》的解释,telos 作为一个中性名词,源于动词 tellosthai 和 tellein。它的意思可以归结为三大类。

第一类最基本,是"发生""实现""完成""完全"的意思,又派生出"长官"(地位)、"职位";"决定""命运";"任务""职责";"费用""开销"等等。

第二类是"完成或取得成就的程度、状态"等。

第三类是"成绩""造诣"等。①

正因为它的基本意思是"实现""完成",所以英文常译为 purpose 或 end。中文一般译为"目的",也根据上下文译为"终点""实现""完结"等。

亚里士多德虽然经常使用 telos 一词,但不知什么原因,他却没有专门对其作过界定。幸运的是,他在被后世学界称为"哲学辞典"的《形而上学》第五卷第十六章中,正面地专门讨论了与 telos 同一词根的中性形容词 teleion。我们完全可以通过分析他对 teleion 的规定,间接看出他在哲学上是如何理解和使用 telos 的。

按他的看法,teleion 主要有四个方面的含义。

第一,在它之外找不到任何一个部分。

第二,从德性和特长方面讲,就是尽善尽美,不可超越。

---

① 参见 *Greek - English Lexicon*, pp. 1772 - 1774.

第三，从自然本性上讲，就是完美无缺，即什么也不缺欠。

第四，具有了目的，达到了终点。

在分别列举了上述几层含义后，他又总结说，就 teleion 一词的自身本义而言，"或者由于在优点方面，完美无缺，不可超越，穷尽无遗，此外无物，或者一般说来，在每一个别种内都不可超越，穷尽无遗，其他被称为 teleion 的东西，都要以此为依据"[①]。

总之，在亚里士多德看来，所谓 teleion，就是"不缺欠什么"，"没什么超过"和"它外无物"。如果我们用稍微精炼一些的语词来概括，"不缺欠什么"就是"完全"，"没什么超过"就是"完满"，"它外无物"则是"完整"。

我们弄清了 teleion 的含义，就能将此作合理的引申，从而更准确地把握 telos 的含义。概括而言，在亚里士多德的哲学用语中，我们中文译为"目的"、"终点"或"终极"的这个 telos，就是完全性、完满性和完整性。事物追求目的，"所为"的就是达到这种"三完"的性质或状态。因为目的就是终点，就是结束，而完全、完满或完整，都是只能存在于终点之中的。反过来说，假如某一事物无限延续、永无终结、没有完成，也就谈不上什么完全或完整，更无完满、完美或完善可言了。所以，亚里士多德和他的一些前辈（尤其是柏拉图）一样，主张要有"界限"，要有"终点"，坚决反对"无穷倒退"。

通过上面对词源和词义所作的粗浅分析，我们可以明白，事物的"有所为"，就是为了目的，即追求完全、完美和完整。既然自然有所为，它所为了的，也正是这种东西。

---

① 《形而上学》$1021^{b32}-1022^{a2}$。

那么，这种完全、完满和完整的东西又是什么呢？亚里士多德进一步指出，它就是"善"。他说：

> 另外有些（原因）则是作为目的和善。因为所为的东西就是最好的东西，并且是其他事物想要达到的目的（至于是自身的善还是被认为的善且不作区别）。①

> 一切技术、一切规划以及一切实践和抉择，都以某种善为目标。因为人们都有个美好的想法，即宇宙万物都是向善的（但目的的表现却各不相同，有时候它就是活动本身，有时候它是活动之外的结果，在目的是活动之外的结果时，其结果自然比活动更有价值）。②

> 既然在全部行为中都存在某种目的，那么这目的就是所为的善。③

亚里士多德论述目的就是善的地方在《物理学》《形而上学》《尼各马科伦理学》为代表的伦理学著作和《政治学》等作品中还有不少，为节省篇幅，我们不再一一列举。

现在要讨论的重要问题是："善"又是什么？

我们中文译为"善"的这个词，亚里士多德在一般情况下用的都是 agathos（有时也用 kalos）。agathos 的基本意思是"好""美好"。用于不同的场合，"好"又有不同的体现：

在《荷马史诗》中，它主要指人的英勇、正直和高贵；

用于道德领域，指品行高尚、能力强的意思；

---

① 《物理学》195 $^{a22-25}$。
② 《尼各马科伦理学》1094 $^{a1-6}$。
③ 同上，1097 $^{a22-23}$。

用于修饰身体，指体魄健壮有力；用以形容事物，则指种类优良、有秩序，状态佳等。

agathos 作为一个形容词，是原级形式，还有比较级和最高级的各种变化。中文译为"至善"的，就是它的一种最高级形式即 aristos（阴性为 aristee，中性是 ariston）。

亚里士多德（和其他古希腊哲人）在把 agathos 用作哲学术语时，一般都在前面加中性冠词，并相应地将其变成中性形式 agathon，从而使它名词化，成为 to agathon。这样一来，"好"就不仅是个作为修饰他物的性质或状态而存在的表语或定语，而且自身也取得了作为主语而独立存在的资格。

可见，不能因为中文将 agathos（或 to agathon）译为"善"，就望文生义地把它仅仅局限在伦理学意义上或宗教学意义上作狭义的理解。相反，在亚里士多德（以及其他的一些希腊哲学家）看来，包括人在内的一切事物以及自然本身，都要求"好"，也都在求"好"（或求"善"），都是以此作为自己活动的目的或终结。其实，从前面对 telos 的分析中我们就完全可以看出，这个结论是蕴含在"目的"自身的含义中的。因为很明显，只有"完全""完满""完整"的东西才称得上是好的或完善的，也只有趋于或合乎完满的活动才是美好的活动。事物和行为发展过程的终点，就是它要达到或实现的那种"完性"、那个叫作"目的"的美好东西。

在弄清了自然所为的东西是目的，而目的就是"好"或"善"，就是完全、完美、完满和完整等问题之后，亚里士多德自然所为论中的"自然所为什么"的问题算是有了一个基本的解答。

我之所以只敢断言上述的解答是基本的，是因为还有一个更为根本、学术界分歧很大的问题没有讨论：亚里士多德所极力主张的自然所为的那个目的，是内在的还是外在的？换一句我们现在较为流行的话来说，亚里士多德的自然目的论，是内在目的论还是外在目的论？

这个问题的提出，并非空穴来风。

因为第一，在前面引述过的亚里士多德原话中，他自己也说过，目的虽然是万事万物都要追求的，但其表现却各不相同，有时候它就是活动本身，有时候它则是活动之外的某种结果。这种区别在人的各种行为中表现得非常明显。例如，散步的目的是追求健康，健康目的的达到，不在别处，就在散步活动本身。其他诸如学习与获知等均属此类。但人的另一些行为，其目的不在活动自身，却在活动之外的某种结果那里，譬如造床以安寝，雕像以悦目，种田以谋生等等。那么，自然所为的目的是活动本身还是活动之外的某种结果呢？

第二，有些人（尤其是国内学术界的）已经把亚里士多德的观点定性为"外在目的论"甚至"神学目的论"。他们的依据大约是三条。

一是从某些框框出发，认定凡目的论主张，其实质都是外在目的论，因为目的是人或神才具有的主体的意志抉择，自然本身无意志，那么，自然目的当然是外在的。

二是从思想沿革出发，认为苏格拉底和柏拉图的目的论思想是外在的，而亚里士多德沿袭了目的论原则，而且是严格师承关系的沿袭，所以必然难脱衣钵。

三是从原著材料出发，认为亚里士多德在《形而上学》十二卷中自己讲过，神才是终结一切的东西，当然也是最后的目的、

第五章 自然所为论

至善等等。用神来统领一切，不是神学目的论还是什么?!

实际上，我认为，亚里士多德的自然目的论，是一种本质上不同于苏格拉底和柏拉图的、深刻的内在目的论，是他整个自然哲学中最有价值（也是很多人最不重视）的内容之一。我们这样说，不是故意要为亚里士多德开脱责任，甚至涂脂抹粉，而是基于以下三点自认为比较充足的理由得出的公允结论。

首先，在柏拉图那里，世界万物既不是实在的，也没有秩序，万物本身是对理念的分有，秩序则源于 Deemiourgos（神）的安排。但在亚里士多德这里，万物本身是客观永恒的、独立存在的，秩序也是万物自身所有的，没有外在的创造者和安排者。

其次，在柏拉图那里，善或至善是理念世界的最高原则，因而本身是和事物分离的，事物的善，是分有或摹仿善理念的结果。而在亚里士多德这里，善或至善虽然也是最高原则，但不是存在于另一个世界里，而是作为秩序本身存在着。他在《形而上学》第十二卷第十章一开始就明确指出：

> 现在应该研究，善和至善怎样在这个自然中，它是分离的，就其自身而存在，还是秩序或安排。或者两者都是。像一支军队那样，一支军队的优点，既在于它的秩序，也在于它的将领，而更多地是在将领。因为不是将领依靠秩序，而是秩序依靠将领。万物都是依靠某种次序安排的，但不是以同一次序，例如鱼类、鸟类和植物。它们决不是这一个和那一个互不相关，而总是存在着某种关联。万物都是与一相关联着而安排起来的。①

---

① 《形而上学》1075^{a12-20}。

这里虽然也提到了"分离",但很显然,不是柏拉图意义上的,而是为了突出善的一种"将领"式的高贵身份和指挥作用。

最后,很多著名的哲学家和哲学史家都明确肯定了亚里士多德的自然目的是一种内在的目的论,我们完全可以把他们的结论当作证据来使用。例如黑格尔说:

> 亚里士多德的主要思想是:他把自然理解为生命,把某物的自然(或本性)理解为这样一种东西,其自身即是目的,是与自身的统一,是它自己活动性的原理,不转化为别物,而是按照它自己的特有内容,规定变化以适合于它自己,并在变化中保持自己;在这里,他是注意那存在于事物自身里面的内在目的性,并把必然性视为这种目的性的一种外在的条件。①

文德尔班指出:

> 亚里士多德哲学的要点基于这种新的概念:**宇宙变化过程是本质在现象中的现实化**;它与以前对自然的解释相对立之点在于:**用概念贯彻目的论**,而柏拉图只将目的论当作假设提出来并以神话比喻方式加以阐述。②

世界著名的亚里士多德研究专家罗斯在他的两本研究亚里士多德的权威性著作中都认为,"亚里士多德的目的论是一种'内在'目的论"。"自然一般被描述成有目的地起作用,但自然不是

---

① 《哲学史讲演录》第二卷第 309~310 页。
② 《哲学史教程》上卷第 190~191 页,商务印书馆 1987 年。引文中的黑体字是被引著作原有的——引者注

有意识的动力;它是一切有生命事物中出现的生命力量。"① "如果有人问这样的问题:亚里士多德是否把神当作世界的创造者?那答案肯定是:他没有。对他来说,物质不是产生的,而是永恒的,他极力反对世界是创造出来的观点。"关于万物的存在,"在现存的表明他的成熟观点的著作中,经常被说成是自然的无意识的目的,而不是神意计划安排的结果"②。

德国著名的希腊哲学史研究专家策勒尔断言:

> 亚里士多德目的论的最重要特色在于,它既不是人类中心论,也不是完全忠实于一个在世界之外的创世主的活动或者只不过是一个世界主宰的说法,这种目的论总是被设想为自然中所固有的。柏拉图在《蒂迈欧篇》中通过引入世界灵魂和第缪求斯(即得穆革——引者注)所完成的东西,在这里通过假设一种自然本身固有的合目的活动予以解释。③

当然,谁都否认不了(也没有必要否认)亚里士多德满怀虔诚地讲到了神,讲到了神作为第一动者、至善、纯形式、终极目的等的作用。但问题在于:他所谓的"神"到底是什么意思?他的"神"与柏拉图的"神"有什么区别和联系?如何在区分他的自然哲学和第一哲学的基础上合理地解释他的思想并作出恰如其分的评价?关于这些问题,本书第六章和第七章将有论述,这里先不赘述。

---

① 《亚里士多德》中译本第 139 页。
② *Aristotle's Metaphysics*, "introduction", Vol. 1, p. 150, 131, Oxford, 1953.
③ 《古希腊哲学史纲》第 194 页。

第四节

自然所为论的意义

如前所述,亚里士多德的自然所为论是他整个自然观的重要内容和鲜明特色之一,更是他重建自然哲学体系的重要理论支柱之一。这一理论的建立,虽然从严格的,尤其是现代的眼光来看,是不精致的,有些具体内容甚至是错误的,但从其理论实质和巨大影响而言,无疑有着多方面的意义。我们只从三个方面予以简述。

首先,从与前人哲学的关系看,它是一种创新。

它不仅否定了那种僵死的机械必然性观点(以德谟克利特为代表),而且直接排除了神意安排万物、神力创造世界的神秘的外在目的论(以苏格拉底、柏拉图为代表),从而用全新的方式来解释自然万物及其和谐有序的活动。

其次,从理论本身的价值看,它是对自然认识的深化。

这一意义,又主要地表现在两个方面。

其一,他宣告了自然是目的,不是工具或手段。把自然贬为工具或手段的观念,在亚里士多德及其以前的时代虽然不很盛行,但也同样存在。宗教神话中的神祇主宰一切的观点,普罗塔哥拉"人是万物尺度"的论断,柏拉图《蒂迈欧篇》的创世理论,从实质上看,都是这种观点的反映。亚里士多德通过自然所为论和后面将要讨论的自然动因论和自然实体论这三大支柱性理论的建立,把自然堂堂正正地扶上了王座,使其成为主宰宇宙万物的决定性力量。

其二,他从哲学上论证和深化了希腊人固有的整体自然观和有机自然观。正如罗斯所说:"实际上,亚里士多德的主张是,赞成目的论以反对单纯的机械论,赞成根据整体研究部分,而不是把整体仅仅作为部分之和。"[①] 他是要告诉我们,自然是一个和谐统一的有机整体,它在不断地生成着、变化着,靠着自身的内在力量,为实现自己的完全、完满和完整性,即善的目的而活动。他还告诉我们,自然学实质上就是生物学、生命学、生长学,要以生物学的眼光去认识自然,从而顺从自然,亲近自然,善待自然,不要干出违逆自然的傻事。

最后,从对后世的影响看,它是一面旗帜。

从亚里士多德以后,西方自然观中就正式增加了目的论这个解释自然及其事物活动方式的思想路线或理论原则,并与先它而产生的决定论路线尖锐对立。尽管以托马斯·阿奎那为代表的一些中世纪的神哲学家改变了这面旗帜的颜色,近代早期的机械者们力图拔掉这面旗帜,但经过德国有机自然论思想家们的努力,这面旗帜还原本来面目,指引人们去正确认识自然及其与人类的关系。这方面的内容涉及亚里士多德整个自然观的历史命运问题,

---

① 《亚里士多德》中译本第79页。

我们在后面的第八章还要专门论述，这里不展开。

当然，亚里士多德的自然所为论正由于是开创性质的，尚处于对自然思辨的初级阶段，因而也不可避免地存在着一些不足。除了前面分别谈到过的论证的粗浅、用词的拟人化等缺陷外，理论上的深层次局限我以为主要有以下三点。

一是由于相关知识和技术的缺乏，他在用目的论解释事物时，遇到了一些困难。

正如罗斯教授所说，当亚里士多德用他的目的论原则来解释自然事物时，"不是全都同等地获得了成功。他常常几乎像现代进化论那样解释了动物的外在部分。……但在论述内在部分时，由于缺乏十分高超的解剖手术以及当时完全没有可靠的解剖学和生理学思想，他碰到了极大的障碍"①。

二是没能处理好"所为"与必然的关系。

他坚决反对用单纯的必然决定论（尤其是机械决定论）观点来解释自然，提出所为论与之抗衡，这是合理的。但他把"所为"与必然完全对立起来，把必然理解成德谟克利特那种机械必然，看不到自然所为乃是自然而然、必然如此的，与必然之间有相通的地方，从而局限了自己的思路。

三是有导致外在目的论的危险。

随着他的思路越过自然哲学的层面向第一哲学逻辑延伸，随着集三因合一于一体的"至善"概念的推出，自然的内在秩序最终要依赖于这个首领，虽然它本质上只是亚里士多德的又一个逻辑设定。

---

① 参见《亚里士多德》中译本第 141 页。

第六章

自然动因论

第六章 自然动因论

探索自然与运动的关系,并进而讨论事物与运动的关系,是亚里士多德自然观的又一重要内容和鲜明特色。他之所以要这样做,理由或许很多,我以为可能主要基于两方面的考虑。

首先,是前人们留下的历史空白。

如本书第三章所述,亚里士多德认为,以前的哲学家们在自然与运动的关系问题上是处理得不够好的。他们虽然在常识的层面上与普通人一样,承认万物的运动变化,但在哲学的层面上,却没有对运动加以追问,而是要么只重质料因,不涉及动力因(如米利都学派和赫拉克利特等);要么根本否认"存在"运动,把运动之物斥为非存在而加以贬斥(如爱利亚学派);要么虽然谈到,但在简单提及之后就搁置一边不予理睬了(如恩培多克勒和阿那克萨戈拉)。因此,造成了自然观上的运动论空白。而这个空白,无疑是需要有人来填补的。正如海德格尔的精辟所言:"诚然,亚里士多德以前的希腊人已经经验到,天空和海洋、植物和动物在运动中;亚里士多德以前的思想家固然也已经试图说明什么是运动。但尽管如此,只有亚里士多德才首次达到那个追问阶段,其实正是他才创造了那个追问阶段,在此阶段,(运动不只被看作某种在其他东西中间出现的东西,而毋宁说)运动存在

(Bewegtsein）是作为存在的基本方式而特地被探究和被把握的。"①

其次，是理论建构本身的逻辑需要。

宇宙万物生生不息，要深入地研究自然，必须系统地探讨运动，探讨自然与运动之间的关系。这一点，亚里士多德深有体会，并明确坦言："既然自然是运动和变化的本原，而我们所进行的又正是关于自然的研究，那么，就必须了解运动是什么。因为如若不熟悉运动，也就必然不会知晓自然。"②

正因为有了历史和理论的双重需要，所以，亚里士多德在《物理学》第二卷规定和阐述了"自然"的多种含义，分析了自然事物生成和存在的复杂原因，论述了自然有"所为"之后，从《物理学》第三卷开始，用了整整五卷（第三至第八卷）的篇幅，花了十余万字来系统讨论"运动"及其与此密切相关的问题（还不包括他在《形而上学》《论生成和消灭》等著作中的很多论述）。限于本书的主题和本人的精力，本章不打算也不可能全面论述亚里士多德的运动学说（虽然其中的有些理论，如"无限""地点""时间""连续""虚空"等，都有不少精彩内容），只从服务于对他自然观探讨的角度，抽几个主要的问题出来作一些力所能及的讨论。

还要说明的是，虽然这些问题还广泛涉及《物理学》以外的其他著作，但是，我们在下面的介绍和分析，其史料依据也只能以《物理学》为主，适当兼及《形而上学》等另外的著作。

---

① 海德格尔著《论 phusis 的本质和概念》，见《路标》第 281 页，商务印书馆 2000 年。
② 《物理学》200^{b12-15}。

第一节

运动的定义和种类

　　事物总是运动着的事物,运动总是事物的运动,二者不可分割。"在事物之外,没有任何运动的存在。"① 这个基本前提和朴素事实,不仅亚里士多德承认,亚里士多德以前的多数自然哲学家也承认(恩培多克勒和阿那克萨戈拉否认的不是事物的运动,只是构成事物的"根"和"种子"的运动)。但是,"真正从哲学上把握运动,将运动当作一个普遍范畴的是亚里士多德"②。按海德格尔的说法,对"运动"的本质的规定是《物理学》的"一个核心项目"。③ 所以,他在讨论运动时,首先处理的问题就是:到底什么是运动?运动又有哪些种类和形式?因为这是前人没有系统探讨过的,也是讨论其他问题的逻辑起点。

　　在《物理学》第三卷第一、三章中,亚里士多德提出和阐述了他对运动的定义。他在不同的地方作出了两种字面很不同的

---

① 《物理学》200^{b33}。
② 见汪子嵩先生等著《希腊哲学史》第三卷第475页,人民出版社2003年。
③ 参见海德格尔著《路标》第281页。

表述。

其一,"潜在存在作为潜在存在的现实就是运动"或"潜能作为潜能的现实就是运动"。(hee tou dunamei ontos entelekheia, heei toiouton, kinesis estin.)[1]

其二,"还有更为简明的定义:运动就是能够动作者和能够承受者作为它们自身的现实"。(entelekheia_ eti de gnoorimooteron, hee tou dunamei poieetikou kai patheetikou, heei toiouton.)[2]

其实,在本质上,这两种表述是大体一致的。但比较而言,第一种表述更加规范些,也是他更为严格的运动定义,所以,我们只着重分析他的第一种表述。

要理解亚里士多德的这个运动定义,必须首先弄清两个概念,即"潜能"(或"潜在")和"现实"。

"潜能"和"现实"是亚里士多德哲学的一对核心性哲学范畴。"潜能"作为阴性名词,原文是 dunamis,其形容词为 dunatos(这是阳性,阴性是 dunatee,中性是 dunaton)。该词本来是一个普通名词,基本含义为"能力、力量、强壮"等。亚里士多德把它作为哲学术语,与"现实"或"实现"相对应时,中文才译为"潜能"或"潜在",即指尚未实现出来的潜存状态或潜在能力。

与"潜能"相对应的是两个概念,即"现实"和"实现"。"现实"的古希腊原文是 entelekheia(不少中文译本将其音译为"隐德来希",陈康先生还音译为"恩泰莱夏也阿",不过由于太长,也太冷僻拗口,没有能够在学界流行),"实现"的原文则是

---

[1] 《物理学》201^{a11}, 201^{b5}。
[2] 《物理学》202^{b25-27}。

energeia（陈康先生音译为"哀乃耳假也阿"）。这两个概念均为合成词，都由一个前缀 en（意为"在……之中"）加词干组成。entelekheia 的词干是 telekheia，而 telekheia 的词根则是上章已经讨论过的 telos（目的）。因此很显然，entelekheia 的意思应是"在目的之中，已达到了目的，已经实现"等，简而言之为"完全现实"或"达到目的"，因此，英文正规译为 complete reality（如罗斯主编的《亚里士多德全集》）或 fulfilment（如巴内斯主编的《亚里士多德全集》）。与此紧密相联的另一个词 energeia 的词干为 ergeia，而 ergeia 则是从 ergon（意为"动作""行为"等）演变而来的，所以，energeia 的意思就是"在动作着，在行动中"，罗斯本和巴内斯本一般都译为 actuality。为了便于区分，也为了译名统一，我在中文版《亚里士多德全集》有关著作的翻译中，统统把 entelekheika 译为"现实"（因为在这里，把能完成的事情全部完成了），相应地把 energeia 译为"实现"（因为它尚在完成的过程中）。

虽然 entelekheia 和 energeia 都对应于 dunamis，两个概念在本质上是相同的或含义相近的，但如果认真推敲，它们还是有很大区别的（亚里士多德本人在使用这两个概念时，大体上也比较讲究分寸）。[1] 一般说来，entelekheia 侧重于指完成了、实现了、达

---

[1] 关于 entelekheia 和 energeia 的含义和区别，陈康先生写过三篇文章进行了专门而具体的深入讨论。简而言之，陈先生认为，这两个概念在不同的语境和场合，都有"现实"、"实现"和"活动"的意义，同时也都具有动的意义和静的意义，"它们的差异是在它们的动的意义和静的意义的孳生方面。energeia 由动的意义发展到它的静的意义；entelekheia 由静的意义发展到它的动的意义。"参见汪子嵩、王太庆两位先生编《陈康：论希腊哲学》第 355~393 页，商务印书馆 1990 年。本书限于篇幅和主题，不打算展开讨论。

到了的那个终点状态，"静"的意味浓些，energeia 却侧重于指正在完成、实现、达到的那个活动过程，"动"的意味重些。这种区别，从亚里士多德对它们的交替使用中可以明显地反映出来。譬如他说："运动被认为是某种实现（energeia），但还没有完成；原因在于，实现着的潜能的东西就是还未完成。"① "运动是能被运动之物的现实（entelekheia），是被运动者所运动。能运动者的实现（energeia），不外是把能被运动物的潜能实现。因为现实（entelekheia）必定是双方共有的。"②

在上引亚里士多德关于运动的定义中，他用的是 entelekheia，而不是 energeia。这大致可以表明，在他看来，作为名词的运动（kinesis），指的是一种追求达到目的和实现目标的活动，即让潜能作为潜能实现出来，变成一种现实，但不是说它已经实现出来了，变成了一种现实。至于他定义中使用的"潜能作为潜能"，意在强调原来的那个潜能状态是自身能现实的，即有实现的自身能力。正如他举的例子：建筑材料之所以能通过建筑活动成为现实的建筑物，在于它们是作为能用于建筑的东西。但在建筑之前，能用于建筑的东西只是潜能，尚未现实化，只有在建筑时，它们才能被现实化，建筑运动恰恰是使其现实化的过程。所以，运动不是潜能，也不是现实，而是促成其前者向后者转化的中介性活动。

转化乃是一种变化（metabolee）。因此，在《物理学》第三

---

① 《物理学》201 $^{b31-32}$。
② 《物理学》202 $^{a14-17}$。在《物理学》第三卷、《形而上学》第九、十二卷等处，亚里士多德交替使用这两个词的地方还有一些，限于篇幅，不一一列举。

第六章　自然动因论

卷第一章中，亚里士多德把"运动"和"变化"作为同义词来使用，并未区分它们。但在第五卷正面讨论运动的种类等问题时，他就严格地把两个词区分出来了，并以这种区分作为讨论运动种类的前提。

他认为，"既然所有的变化都是从一物变成为另一物（变化一词即 metabolee 就能表明这一点；因为 meta 就是'某物在它物之后'，这就表明是一物在先，一物在后），那么，变化物的变化就应该有以下四种：或是从主体（hupokeimenon）到主体，或是从主体到非主体（mee hupokeimenon），或是从非主体到主体，或是从非主体到非主体（我所谓主体的意思，是被肯定表示的东西）"[1]。

在上述四种逻辑上可能（也只有这四种可能）的变化方式中，实际上只有三种能够成立，即"从主体到主体，从主体到非主体以及从非主体到主体。因为从非主体到非主体的变化并不存在，原因在于这种情况不存在反对关系，既无对立，也无矛盾"[2]。

在这三种实际存在的方式中，从非主体到主体的变化他称为"生成"（genesis），从主体到非主体的变化则叫作"消灭"（phthora）。生成与消灭都分为绝对的和特定的两种。绝对的生成是从无到有，即从非存在变成为存在或实体；绝对的消灭则是从有到无，即从实体或存在变为非存在。特定的生成与消灭指变成某个特定的对立面，如从非白的东西变成白的东西就是特定的生成，反之则为特定的消灭。

---

[1] 《物理学》225^{a1-6}。
[2] 《物理学》225^{a7-12}。

由于"非存在"不能被运动(因为一切被运动之物都在地点中,而非存在却不在地点中,否则,它就应在某处而不是非存在了),而"生成"和"消灭"都涉及非存在,所以,"生成"和"消灭"都不是"运动"。

经过这样的排除法论证,亚里士多德最后得出结论:"既然一切运动都是某种变化,变化只有上面所说的三种,而在这三种之中,生成与消灭方面的变化(它们是相互对立的)又不是运动,那么,必然只有从主体到主体的这一种变化才是运动。"[①] 换言之,只有从存在到存在的变化,即存在之间的变化才是运动。

"存在"的含义很广,方式很多,亚里士多德在《范畴篇》等著作中曾经区分出了十种主要的存在方式,即所谓十大范畴——实体(ousia);性质(poios);数量(posos);关系(pros ti);何处(pou,地点);何时(pote,时间);动作(poiein);承受(paskhein);状况(ekhein,直译为"具有")、姿态(keisthai)。在这十大存在方式中,哪些有运动,哪些无运动呢?亚里士多德进行了详细的考察[②]。

首先,实体无运动。

为什么实体无运动?亚里士多德没有给出详细的说明,只是断言"因为没有什么存在与实体相反"。亚里士多德的意思是,运动是相反者之间的变化,而所有的相反者,都依附于实体,是实体的什么(如实体的性质、数量等等),没什么东西与作为主体的实体相反,因此,运动是实体的什么,而不是实体本身。例如,

---

[①] 《物理学》$225^{a35} - 225^{b3}$。
[②] 见《物理学》$225^{b10} - 226^{b1}$。

一个人从白色变成黑色，变化的是他的性质，而不是作为人的他自身。

其次，"也无关系运动"。

亚里士多德在阐述这一点时，提出了一个重要的区别：关系本身和有关系的双方（或多方）。关系本身无相反者，故无运动可言，但有关系的双方却可能有运动。因为"在相关的一方发生变化时，不变的另一方就不可能与之对应了"。从这个意义上讲，"关系有就偶性而言的运动"。

再次，"动作和承受也没有运动"。

因为"动作"是施予运动，相当于运动者，故不是运动；"承受"是接受运动，相当于被运动者，也不是运动。所以他说："一切被运动的东西和运动者亦无运动，因为不能有运动的运动，也没有生成的生成，总之，没有变化的变化。"

最后，时间不是运动。

这个问题，亚里士多德是在第四卷第十章中论述的。他认为，由于运动存在于事物中或事物所在的地方，且有快慢之分，而时间则是匀速的，且同时地存在于一切地方，同等地与万物在一起，所以显然，时间不是运动。① 但是，时间又与运动密不可分，没有运动变化，也就没有时间，反过来，如果没有时间，也就无法计量运动的变化。"因此，时间不是运动，而是运动得以计量的数量。"②

至于"状况"和"姿态"这两个范畴，亚里士多德在一般场

---

① 参见《物理学》218 $^{b10-20}$。
② 《物理学》219 ^{b3}。

合很少提及（严格地讲，它们也算不上真正的范畴。或许是对"十"这个数有所偏爱，亚里士多德也像他所批评的毕达戈拉斯那样，才把它们列上，凑成十大范畴），在这里也没有讨论（可能他认为根本无此必要）。

经过一番仓促的、显然并不精致的排除式论证，亚里士多德终于得出了关于运动只有三种的正面结论：

> "既然实体、关系、动作和承受都不能有运动，那么，剩下的就只有性质、数量以及在何地的运动了；因为在它们各自之中都有对立面存在。在性质方面的运动就是质变；因为这个共同的名称包含了这方面的对立。我这里所谓的性质不是指实体之中的性质（因为属差也是一种性质），而是指的可承受性，即事物由此而被说成承受或不承受什么变化的那种性质。数量方面的运动无共同的名称，只能把一方叫作增加，另一方称之为减少——趋于完满量度的运动是增加，从完满运动出发的相反运动是减少。地点方面的运动既无共同的、也无个别的名称，权且用移动作为共同名称来述说吧。尽管严格说来，被移动这个词仅仅适于述说那些在变更地点时自己没有能力停下来，也不能把自己从一个地点运动到另一个地点的东西。"①

在讨论了运动的定义，规定了运动的种类和形式，论述了与运动密切相关的无限、地点（及虚空）和时间等问题之后，亚里士多德又接着讨论了运动的连续性、运动与静止的关系、运动的

---

① 《物理学》226^{a24} - 226^{b1}。

来源等问题。其中着墨最多、理论性最强，也是后人在理解上分歧最大的是运动的来源问题，即运动的动因和动者问题。

由于前述的原因，我们不打算跟随亚里士多德一一涉及这么多的问题，只挑"运动来源"在下一节专门讨论。

第二节

自然是动因

肯定自然是运动的原因或本原,是亚里士多德一贯坚持的基本立场,也是讨论运动来源问题的基本理论前提。

关于这一理论前提,最早也是最严格规范的表述是本书第四章已经具体讨论过的他在《物理学》第二卷第一章所下的"自然"定义:

> 所谓自然,就是一种由于自身而不是由于偶性地存在于事物之中的运动和静止的最初本原和原因。
>
> hoos ousees tees phuseoos arkhees tinos kai aitias tou kineisthai kai eeremein en hooi huparkhei prootoos kathn hauto kai mee kata sumbebeekos.

简而言之,自然是存在于事物自身之内并使其动静的最初本原和原因,事物的一切运动和静止,归根到底都来源于这个自然或本性。这就是亚里士多德为自己讨论事物运动来源问题所设定的大前提。在《物理学》第七、八卷集中地具体讨论这一问题时,他坚持并多次重申和阐述了这一前提。例如他说:

第六章 自然动因论

如若运动的本原在自身之中，设定为 AB，那么，它就是就自身而言不是就它的某部分在运动而被说成是被运动的东西。因此首先，须以 AB 是被自身所运动为前提，因为它是作为整体而被运动，并且不是被任何外物所运动。①

那些由于自然和根据自然的事物决不会是无秩序的；因为自然是一切秩序的原因。②

正如在数学公理中对于否认数学基本原理的人数学家可以不予理睬一样（其他学科也是如此），对于这里的否认运动存在的议论，自然哲学家也可以一笑置之；因为运动以自然为本原乃是前提。③

在本书论自然的部分中已经确定，正如自然是运动的本原一样，它也是静止的本原，而且，运动更要自然一些。④

上面的这四段话，虽然是他在不同场合下针对不同的讨论问题而讲的，但无疑都坚持了自然是运动本原即动因的基本原则。现在的问题是，如何理解亚里士多德的这个论断？这个问题实际上又可以换成另一个问题：自然如何做动因？

自然如何做动因，亚里士多德并没有直接、明确而集中的专门论证（我们可以这样大胆假定：在他所置身于其中的那个希腊民族和时代，面对他那些饱受希腊文化熏染的听众，或许他认为，我们现在提出的这个问题根本不是问题，无需论证）。我们要理解

---

① 《物理学》241 $^{b26-31}$。
② 《物理学》252 $^{a11-13}$。
③ 《物理学》253 $^{b2-6}$。
④ 《物理学》253 $^{b8-10}$。

他的思想，只有采取间接的方式，从他的相关论述中寻找答案。

首先，从"自然"一词的词义来理解。

在本书的第一、四章，我们曾经分析过，"自然"的词源含义，主要指有生命之物的"生""长"变化，学理上的意义则侧重指事物的"本性"，对"自然"的这两种词义，亚里士多德都是明确承认的，并在《形而上学》第五卷中加以阐释。由此可见，所谓自然是运动之因，强调的是事物的生长或运动变化，其根源不是任何其他东西，也不在任何其他地方，只是也只能是存在于事物自身之内的自然本性。换言之，事物的生长动变乃至静止消灭，并不是外在的什么东西使其如此，即通常所谓的自然而然，本性使然。

其次，从他的"三因合一"观点来理解。

如前所述，亚里士多德无论是在对"原因"进行分类时，还是在区分"自然"的含义时，都非常强调形式、动力和"所为"，认为它们既是事物存在和生成的根本原因，又是"自然"一词的主要含义。不仅如此，他还进一步明确断言：这三者"在多数情况下都可以合而为一。因为所是的那个东西（指形式——引者注）和所为的那个东西是同一的，而运动的最初本原又和这两者在种上相同。"① 这种三因合一的观点，为我们理解自然如何做动力因提供了帮助。因为既然自然作为动力因和形式因、所为因本质上是一回事情，既然形式和所为的东西都是事物所追求和向往的（因为只有获得了形式，一事物才成其为该事物，只有实现了目的，该事物才成为好的或善的），也都是现实的，而运动恰恰是潜

---

① 《物理学》198^{a25-27}。

能作为潜能的现实,那么显然,作为形式和所为的自然,必然要引起事物的自身运动,从而成为动力因。

最后,从自然与直接动者的区别来理解。

自然虽然是万事万物运动的最初本原和原因,但这并不等同于它就是每一事物在进行自己具体的特有运动时的直接运动者。把握这一点,对于正确理解亚里士多德的自然动因论尤为重要。

在《物理学》第七、八卷和《形而上学》第十二卷等处,亚里士多德不厌其烦地、较为详细地讨论了被运动物与运动者的关系问题。从他的这种讨论中,我们可以归纳出自然动因与直接动者的若干区别,从而进一步明白自然是如何做动因的。

他认为,"一切被运动的事物都必然是被某物所运动。因为,如若在自身之中没有运动的本原,那么显然它要被他物所运动(因为在这时,运动者只能是另外的东西)"①。那么,这个运动别物的运动者自身是否也在被另外的事物所运动呢?他认为分两种情况。

一是处于具体的事物因果链条关系中的直接运动者,它运动别物但自己又被另物运动。

二是就事物整体而言的最初运动者,它只运动别物而自己不被另物运动。因为从逻辑上讲,假如"A 被 B 运动,B 被 C 运动,C 又被 D 运动,就会总是有接续的下一个被它的再下一个所运动"②的情形,从而可以无限地追溯下去。但无限追溯是不可能的,因而必须假定有个不被运动的最初动者。这个不被运动的最

---

① 《物理学》241 $^{b24-26}$。
② 《物理学》242 $^{a23-24}$。

初动者,就是善或神,就是生命和现实①,也就是作为永恒实体的自然(关于实体与自然的关系,下一章将做详细讨论)。

概括而言,自然作为最初的动因或动者,与每个具体事物的直接动者有着如下四点区别。

第一,是否永恒。

事物的直接动者一般说来,自身也是作为因果链条一环的具体事物,因而总是有生有灭的,不可能永恒。但自然却是永恒的,无所谓生灭。

第二,是否被运动。

如前所述,直接动者在运动别物时往往又被另外的事物所运动。例如,撬动石头的棍棒是石头的直接动者,它在运动石头时,本身却要被执掌它的手所运动,手作为人体的一个有机组成部分,则要被人的意识所支配。然而,自然则不同,它只做动因运动事物,自己不被任何东西所运动,事实上也没有任何东西能运动它。

第三,如何运动事物。

具体事物的直接动者的运动方式,往往是通过有形的直接接触(尤其是机械作用)来传递运动。这在地点变化、性质变化和数量变化这三种运动中都明显存在。"一切地点方面的运动都被归并为四种",即拉、推、带、转②,仅"推"就可再分为"推进""推开""推拢""抛掷"等具体的多种花样。性质变化方面的颜色与光(光作为动者使颜色由白变黑等)、数量变化方面的水与木材(水的渗入或蒸发作为动者使木材体积变大或者变小)的关系等等都是直接接触的。自然作为事物最初的动因,其运动事物的

---

① 参见《形而上学》第十二卷第七章。
② 《物理学》243^{a18}。

方式则完全不同。它往往不是通过具体的接触，而是作为永恒的、现实的、至善的、神圣的本性，被事物所追求和趋向，从而引起它们运动的。也就是说，自然作为动因，主要不是狭义的、直接作用于事物的运动者。

第四，属于何种层次。

从前面的叙述和分析中，我们可以进一步明白自然与直接动者的另一个区别（也应该是最为根本的区别），即它们分属不同的学科层次：自然作为动因，是在哲学的意义上言说的，而其他的直接动者，则是在具体科学的意义上言说的。综观亚里士多德的有关著作，我们很容易发现，他在断言自然是动因时，总是从"本原"（arkhee）和"原因"（aition）的哲学高度上讲的，很少用"运动者"（to kinoun）这个词。这表明，他是把自然当作运动的"原则"或"原理"（英文的 principle 正是对希腊文 arkhee 的典型意译），当作运动得以进行的内在根据和根本条件来看待的，而不是将其作为普通的运动者。相反，他在具体地展开讨论事物的直接运动者时，则很少使用哲学意义上的"本原"和"原因"等字眼来修饰，而是列举一些日常生活中的具体例子来说明地点、性质和数量方面的被运动物和它的运动者的关系，尤以生物学领域的例证最多。了解了自然和直接动者的这一根本区别，我们也就比较容易理解他为什么主张自然作为动因是永恒的、不被运动的、不直接作用于被运动物的，而直接运动者则是有生灭的、自身被运动的，且以某种方式与被运动物接触等观点了。

总之，自然是动因，是存在于事物自身之中的运动变化的最初本原和原因，正是靠着自然本性的驱使，事物才能运动，才有运动。这就是亚里士多德的自然动因论的结论。

第三节

自然动因论的意义

亚里士多德建立的自然动因论,和第六章我们讨论的自然所为论一样,具有多方面的、深刻的哲学意义。

首先,肯定了运动的实在性。

针对巴门尼德、柏拉图等人把运动与静止、存在与非存在绝对对立起来,否认运动变化的实在性,主张实在的东西不动不变的错误观点,亚里士多德不仅明确承认了事物现象的运动变化是客观实在的,而且进一步系统探讨了运动与变化的关系、运动的种类与形式、运动的无限与有限、运动的连续与间断、运动与时间地点的关系以及被运动物与运动者的关系等问题,从而较为系统全面地阐明了自然哲学的重要内容之一———运动理论。

其次,坚持了动因的内在性。

针对恩培多克勒、阿那克萨戈拉的运动外因论观点,他明确断言,事物动静的最初本原和原因,是存在于事物自身之中的"自然"。即使是技术产品,也会从它们的"构成材料中得到这种内在的变化本原",只是"在它们的各自名称所规定的范围内,并且就它们们是技术产品而言",① 才没有这种内在动因,而是靠外在的人的作用。而且,这个内在的动因,并不是什么精神性的东西,更不是任何神秘性的东西,只是事物的自然本性。

最后,揭示了动因的本质性。

这一点,主要是针对早期所有的经验自然哲学家的。早期的一些自然哲学家,要么回避运动的根源问题,要么就事论事地在现象领域本身去找这种根源。亚里士多德的自然动因论,向我们揭示了:虽然每一具体事物的直接运动者可能是某一特殊事物或现象,但真正能作为哲学意义上运动的最初本原和原因的,却是自然,即本质或本性,是它,也只有它,才能给予事物运动变化的内在原动力。如果不从这一高度去分析问题,透视现象,而是局限在经验领域内就事论事的绕圈子,就会陷入无穷倒退的困境,找不到问题真正的确切答案。

当然,由于运动问题本身的复杂性,前人在这个问题上出现了太多的分歧与混乱,而亚里士多德又要试图同时纠正在他看来前人的各种不当说法和做法,也由于他受柏拉图的影响太深,自己思想中不时把自然哲学和第一哲学两个层面的思考搅混在一起(甚至也有把哲学层面的思辨与经验层面的描述搅浑的情形),因而他的自然动因论不如前面讨论过的自然所为论那样深刻细致,明显存在着一些比较突出的薄弱和矛盾痕迹之处。我个人认为,主要有以下几点。

其一,为什么自然是动因?

他没有给予必要的正面说明和明确论证,只断言它的存在是

---

① 参见《物理学》192^{b17-21}。

显而易见无需证明的（当然，也确实可能无需证明，既然是自然而然的事情）。

其二，没有能够很好地处理自然动因与直接动者的关系。

给人留下的突出印象是，他只把自然动因作为抽象的基本哲学原则和推理的基本出发点设定下来，而在讨论具体问题时，却将其放置一边，更为热衷于探讨事物的直接动者。由于缺乏必要的衔接与说明，容易造成不必要的误解，使人认为他的观点自相矛盾。

其三，自然动因与最初动者的关系也不大明确。

这一局限，是最为致命的，也是后来的研究者们最感头痛的。仅仅从自然哲学的层面看，二者可以是同一序列的概念，即本性意义的自然就是实体、现实、至善，就是最初动者。但是，问题在于，如果自然是最初动者，就很难与它"存在于事物自身之中"这一根本的性质相吻合，因为按照《形而上学》第十二卷的说法，最初动者（在逻辑上）是可以独立于可感事物之外的。[①] 说得更明白些，自然动因与作为最初动者（或译为第一动者）的上帝关系在他那里是模糊的。从这个意义上说讲，列宁尖刻地批评他"陷入稚气的混乱"是不太冤枉他的。现代的研究者，也从不同的角度批评了他的这一局限。《批评的西方哲学史》的作者认为"亚里士多德试图把这么一种信念，即相信一个具有自身内在动力的自然对象的世界，与一种学说，即认为宇宙间一切运动的第一性、本原的源泉是直接推动'外层天'即恒星圈的上帝，将这二者结

---

① 参见《形而上学》1073^{b35}，1073^{a5}等处。

合起来。不过，这样两种运动源泉的联系性质一直没有弄清楚"①。罗斯也认为，"第一推动者被描述成'作为想望的对象'或爱的对象的原动力，即根本不是物理动因，因此无需被看成位居某处。但是，这个回答除去了一些困难，也同样产生了一些困难"②。

对于一位立志建立一种新型的思辨自然观的哲学家（尤其是对于这样一位远离我们两千多年的老人）来说，在探索的道路上留下一些遗憾之处是在所难免的，我们当然不应该回避，但更不应该苛求。

"自然所为论"和"自然动因论"的建立，对亚里士多德实现拯救自然的目标无疑至关重要。但是，要真正完成建立思辨自然观，从而彻底拯救自然的历史任务，最为关键的一步是把自然实体化。

---

① D. J. 奥康诺主编《批评的西方哲学史》，洪汉鼎等译，东方出版社 2005 年。
② 《亚里士多德》中译本第 105~106 页。

第七章

自然实体论

第七章　自然实体论

对"自然所为论"和"自然动因论"的阐述,亚里士多德基本上是在《物理学》一书中完成的。换言之,"自然所为论"和"自然动因论"所体现出来的亚里士多德自然观,其立足点基本上还是自然哲学层面上的,没有从根本上上升到第一哲学层面,更没有把二者结合起来。

本章所要讨论的"自然实体论",亚里士多德则主要是在《形而上学》中阐发的。这种变化,固然与该书的主题有密切关系(因为《形而上学》一书主要是讨论第一哲学问题的,而"实体"则是第一哲学研究的主要范畴),但无疑也表明:亚里士多德试图在第一哲学层面上来讨论自然,探讨自然哲学问题。我们可以说,正是这种转变,成了他拯救自然,从而拯救自然哲学的关键环节。这也许正是 metaphusika(直译"自然学之后诸篇")一词的内涵的真正由来。

要比较准确地阐述和理解亚里士多德的自然实体论,必须弄清楚三个环环相扣的问题:什么是实体?为什么自然是实体?自然是何种实体?

下面,我们将围绕这三个问题,来展开本章的内容。

第一节

什么是实体

"实体"的希腊原文是 ousia。从词源上讲，ousia 这个阴性名词来源于动词 einai（不定式，意思为"是"或"存在"）的阴性分词 ousa，所以，ousia 归根到底也是一种"存在"或"是"。不过，作为名词，它表示的已不是"什么'是'"，而是"'是'什么"，不是谓词或属性，而是主词或主体。因此，英文一般将 ousia 译为 substance，也经常根据上下文译为 essence。中文参照 substance，通常译为"实体"（汪子嵩先生在其独著的《亚里士多德关于本体的学说》和合著的《希腊哲学史》多卷本中，均译为"本体"，在此之前的吴寿彭先生的《形而上学》中译本中，也译为"本体"。本书采用苗力田先生主编的《亚里士多德全集》和编译的《亚里士多德选集·形而上学卷》的译法）。

ousia 一词虽然并不是亚里士多德所创，但从哲学上深入研究并建立系统的实体学说，却是从他开始的。他的这方面思想极其丰富（是他整个第一哲学的核心内容），也非常艰涩，限于本书主题和篇幅，我们没有必要，也不大可能细加考究，只择要概述主要的东西。

在《范畴篇》中,他认为"存在"或"是"的方式有十种,并据此列举出了所谓的十大范畴,居于首位的就是"实体"。如何判别一个东西是否是实体呢?他在该篇第五章中提出并阐述了五条标准,其中最著名也是最重要的是前两条(另外三条为:实体自身没有相反者;实体自身没有程度的不同;实体在数目上保持单一,在性质上可以有相反的性质)。即:

第一,"在最严格、最原始、最根本的意义上说,实体是既不述说一个主体,也不存在于一个主体之中"[1]。反过来说,实体是主体(hupokeimenon,直译为"躺在下面的东西",用于不同场合,还译为"载体""主语"等),其他范畴都表述它并依它而存在,它不表述和依据其他范畴。

第二,"所有的实体,似乎都在表示某一'这个'(tode ti)"[2],即具有独立自存的个体性,能和其他东西分离。

根据这两条标准,他断言存在着两类实体:个别事物和它们的属、种概念。其中,个别事物是第一实体,因为它们最具有主体性和个体性,不仅自身是完全独立存在的"这个",而且不述说任何东西;属(eidos)、种(genos)[3] 概念是第二实体,因为它们包含第一实体于其中。例如,"苏格拉底"是作为第一实体而存

---

[1] 《范畴篇》2^{a12-14}。
[2] 《范畴篇》3^{b10}。
[3] 在亚里士多德这里,属概念的外延小而种概念的外延大,与现今逻辑学教科书上流行的说法正好相反。由于 genos 在希腊文中本来就是"种"(如"种族""种类"等)的意思,不可能为了迁就现今的说法将其译为"属",而把与之对应的 eidos 译为"种",所以,我们只能坚持,并特加说明。

在的个别事物，"人"是属概念，它包含"苏格拉底"（如"苏格拉底是人"），"动物"是种概念，它同样包含"苏格拉底"（如"苏格拉底是动物"），也包含"人"（如"人是动物"）。比较而言，属概念比种概念更具实体性，因为它更靠近第一实体。

显然，《范畴篇》中的这种实体观，既有哲学上探究"存在"含义和方式的意义，更有逻辑学上概念分类的意义。需要特别指出的是，正因为他这里是在进行概念分类，是以现存的具体事物作为分析的基本细胞和逻辑起点的，所以，并未进一步对具体事物本身作思想上的解剖分析。一旦他进入第一哲学领域，讨论问题的角度和层次发生变化，深入对事物本身的构成要素——质料和形式进行考察时，其所持观点必然也要发生相应的变化（对于这种变化，我们不能简单化的解释为由于没有处理好一般与个别的关系而陷入的矛盾或混乱）。

在《形而上学》第五卷、第七卷和第十二卷等卷次中，亚里士多德又分别从概念界定、事物分析和逻辑设定等角度，在第一哲学的层面上，重新深入而系统地讨论了什么是实体的问题。

《形而上学》第五卷第八章专门讨论和界定"实体"。从他最后得到的总结性的定义来看，与《范畴篇》中的前两条标准思路完全一致：

> 实体具有两方面的意义，或者作为从不述说他物的终极主体，或者是作为可分离的这个而存在。①

但在对哪些东西是实体的具体指认和理由陈述上，却发生了

---

① 《形而上学》1017^{b24-25}。

以下三点重要变化。

其一，虽然他继续承认具体事物是实体，但已摘去了它们排列"第一"的桂冠。

其二，他已经开始解剖具体事物，提到了元素性的"单纯物体"（如土、火、水等）和事物的"部分"，认为它们亦属实体之列。

其三，正因为有了这种从解剖的角度和层次看问题的变化，他就顺理成章地开始注重事物内部起"规定"和"表示"作用的东西。

在这些变化中，第三个变化最为关键，因为它标志着亚里士多德的实体观开始向第一哲学方向转化，进入了形上层面的思考。反映这一根本变化的提法很多，例如：

实体"指内在于那些不述说主体的东西之中，是存在原因，例如灵魂对于动物"；

"实体还指那样一些部分，它们内在于这些之中起规定作用并表示它们的这个"；

"此外，它还指其所是的是（to ti een einai），它的原理即是定义。它被认为是对个别事物的本质"；

它是"每一个体的形状和形式"。①

可见，虽然他只是把灵魂、数目、"其所是的是"（流行的译法是意译为"本质"）和形式（形状）列举出来，与单纯物、合成物一起，并列为实体的种类，没有明确断定谁更为根本和重要，但从字里行间已经可以明显看出他重视这些内在东西的倾向了。

---

① 参见《形而上学》1017^{b16-25}。引文中的着重号均为引者所加。

还应注意的两点是：

第一，这里虽然出现了"形式"（它与《范畴篇》中的"属"是同一个词，即 eidos），但没出现"质料"，更没把它们明确对立起来作为事物的构成要素进行正面分析；

第二，无论是灵魂、数目，还是"其所是的是"和形式，他都强调它们是内在于事物之中的，是事物的灵魂、形式或其所是的是，不是分离存在的东西。这种"不分离"的立场，是亚里士多德实体学说的基本原则，也是他和柏拉图的根本区别。

虽然《形而上学》第五卷中的观点是亚里士多德实体学说思想发展过程中的重要环节，但在这里，他毕竟只是从较为单纯的概念界定的角度入手的，因而尽管可以面面俱到式地"多种意义述说"，但也只能是点到为止，不可能系统分析和深入阐述。真正站在第一哲学高度正面而集中地阐述实体学说，是该书的第七至第九卷，尤其是第七卷。由于这部分的内容特别丰富，篇幅也很长，我们只抽有关内容简要出来讨论。

在第七卷的一开始，他就从区分"存在"的多种意义入手，提出了实体（"是什么"）是首要的存在和最初（第一）的存在的重要论断，并认为"实体在一切意义上都是最初的，不论在原理上，在认识上，还是在时间上"[①]。那么，哪些东西可以被称为实体呢？他说："实体至少有四种最主要的意思，如果不是更多的话。因为其所是的是、普遍、种被认为是个别的本质，还有第四

---

① 《形而上学》 1028^{a33-34}。

种即载体①。"② 整个第七卷,他都在逐一地分别考察这四种实体。

先分析"载体"。

亚里士多德断言,载体又有三层含义:质料、形式(形状)和两者的组合物即具体事物。这三种载体是不是真正的实体?他认为要具体分析。如果按"不述说主体"的标准看,质料是实体。"但这是不可能的,因为可分离的和'这个'看来最最属于实体"③,而质料却不符合这两条标准,因为"我所说的质料,就其自身既不是什么,也不是量,也不是规定存在的任何其他范畴"。④一句话,质料作为质料,什么规定性也没有,什么也不是,当然更不是实体。但质料和形式的组合物却是实体,因为它完全符合主体性、分离性和个体性的标准。形式也是实体,而且比组合物更具实体性,其理由在于:"如若形式先于质料,并且是更多的存在,根据同样理由,它也先于由两者所组成的。"⑤ 这样,亚里士多德实际上已排列出了三种所谓"载体"作为实体的先后顺序:形式、事物、质料。

再分析"其所是的是"。

他认为,所谓的"其所是的是,就是那就其自身而言的"⑥,

---

① 苗力田先生在《亚里士多德全集》第七卷中将这里的 hupokeimenon 译为"载体",而在《亚里士多德选集·形而上学卷》中又改译为"主体"。我认为联系亚里士多德的上下文意思,还是译为"载体"好些,故未作改动。
② 《形而上学》1028 $^{b34-36}$。
③ 《形而上学》1029 $^{a29-30}$。
④ 《形而上学》1029 $^{a\ 29-30}$。
⑤ 《形而上学》1029 $^{a7-8}$。
⑥ 《形而上学》1029 ^{b13}。

进一步说,"其所是的是的原理即是其定义"①。这种就自身而言的、定义性的东西,说穿了就是事物的本质。作为事物的"其所是的是"或本质,无疑是实体,因为它符合实体的标准,尤其是"这个"的标准。所以,亚里士多德明确指出:"定义就是其所是的是的原理,其所是的是要么只属于实体,要么最多地、最初地、简单地属于实体。"②

通过上面的分析,他得出了形式是实体,"其所是的是"是实体的结论,那么,形式和其所是的是关系如何呢?他断言:"我们把个别的其所是的是和第一实体都称为形式。"③ 显然,其所是的是就是事物的形式或本质,就是第一实体。这是他在《形而上学》第七卷所要得出的根本结论,也是他整个实体学说的核心结论。

至于"普遍"和"种",亚里士多德否认它们是实体。

为什么普遍不是实体?他提出了多方面的论证④,其主要的意思是:实体是每一事物独有的东西,是不表述主体的东西,而"普遍"却是标示事物的"这样"或"如此这般",且要述说某一主体,所以,它不可能是实体。柏拉图的"理念",正是这样的"普遍",因此,也不应该是实体。"种"为什么不是实体的问题,亚里士多德没有进行专门论证。但从他对"普遍"的论述中,已包含了答案,因为"种"无疑是"普遍"。

按现今流行的观点看,这里存在着一个自相矛盾的问题:既然"普遍"不是实体,为什么"其所是的是"和"形式"是实体

---

① 《形而上学》1030^{a5}。
② 《形而上学》1031^{a13-14}。
③ 《形而上学》1032^{b2}。
④ 见《形而上学》第七卷第十三章,1038^{b10} - 1039^{a15}。

而且还是第一实体呢?因为所谓的"其所是的是"或本质,不正是一类事物普遍具有的吗?

其实,在亚里士多德那里,这个问题或许是不存在的①。因为他所反对的"普遍是实体"的观点,是柏拉图意义上分离出来独立存在的那种"普遍",而他所主张的"其所是的是是实体",坚持的是不与事物分离,内在于事物之中的"其所是的是",是指事物所以是其事物的是,而不是笼统的普遍或分离的本质。正是这种不可分离性,成了亚里士多德在第七卷中阐述的实体学说的本质特征。这方面的论述,他在该卷第八章讲过不少②。譬如:

很显然,形式因,或者像某些人习惯地称之为形式,如若是些在个别之外的,对于生成和实体就毫无用处。并以同样理由,也并不是就自身而言的实体。

所以,用不着证明,没有必要把形式当作模型来使用。形式因就存在于质料之中。

形式是不可分的。

总之,与事物不可分的形式就是事物的"其所是的是",就是第一实体;具体事物也是实体,但不是第一;质料只在不表述主体的意义上是实体,由于不是"这个",因而不是严格意义的真正实体。这就是亚里士多德在《形而上学》第七卷得出的结论。

与《范畴篇》和《形而上学》第五卷相比,他的观点显然发

---

① 对于亚里士多德《形而上学》第七卷中的实体观,学术界长期存在着多种不同的看法(而且可以肯定,这种不同看法的分歧还将继续下去)。汪子嵩先生在其所著《希腊哲学史》第三卷中讨论这方面内容时,有过简明扼要的介绍。本书限于主题,不打算涉及这些争论。

② 见《形而上学》1033^{b28-30},1034^{a3-5},1034^{a8}等处。

生了至少三点重大变化：引入了"质料"；确定了"形式"的第一实体地位；否认了"种"是实体。

造成这些变化的原因可能很多，但最根本的原因，我认为是讨论问题的角度和出发点发生了转换：不是把个别性的具体事物作为既定的前提性事实来接受并以此为所论问题的起点，而是把它当成问题对象来追究；换言之，不是认它为实体，而是问它是否是实体，如何是实体，实体性的依据在哪里。

在《形而上学》第十二卷，亚里士多德的实体观又发生了一些重大变化，得出了"神"是最初实体的结论。

在该卷前五章回顾性地概述有关思想的基础上，第六章的第一句话，他就明确提出了任务：

> 既然实体有三种，两种是自然的，一种是不运动的，应该来谈谈这最后的一种。①

所谓两种自然的实体，一是指可感而且有生有灭的地界事物，二是指可感但却永恒不灭的天体事物，它们都是处于运动之中的具体事物，所以被归类为自然实体。那么，这最后的一种不运动的实体是什么呢？他在不同的地方，有过多种描述——

> 这些实体应该是没有质料的，应该是永恒的，如若还有什么永恒者的话。所以，它们当然是实现活动。②
> 既然被运动者又运动，是一中间，那么某种不被运动而运动的，就是永恒的，是实体和实现活动。③

---

① 《形而上学》1071^{b4-5}。
② 《形而上学》1071^{b22-23}。
③ 《形而上学》1072^{a25-27}。

从上面所说的,显然有某种永恒而不运动的实体,独立于可感事物而存在。这种实体没有体积,没有部分,不可分割。……此外,它不承受作用,不被改变。①

如若我们把最初的部分分离出来单独地看,把最初的实体看成神,这样的说法是很有意思的。②

既然在不是质料的方面被思想的存在和理智的并无不同,那么,思想和被思想的将是一样。③

归纳这些论断(以及这里没有引述的其他说法),我们可以看到,在亚里士多德眼中,这第三种实体可以表述为:

第一,是没有质料,没有潜能的纯形式和纯实现活动。

第二,是在可感事物之外独立存在的永恒不动的第一动者。

第三,是以自身为对象的思想或理性。

第四,是万物所为和所依的至善的神。其所以把它看作神,在于它的一些根本特性与神相同。因为"神就赋有生命,生命就是理智的实现活动,它的实现活动,作为实现活动,它的生命就自身是至善和永恒"④。

显然,神是最初实体的结论,完全是亚里士多德在第一哲学的建构过程中,随着理论分析的演进,逻辑设定的结果。既然实体是变中不变的依据,现象背后的"其所是的是",既然凡有质料和潜能的东西都是生灭变动不能永恒的,既然潜能和实现、质料

---

① 《形而上学》1073^{a5-12}。
② 《形而上学》1074^{b10-11}。
③ 《形而上学》1075^{a4-5}。
④ 《形而上学》1072^{b28-30}。

和形式、被运动和运动者的对应序列不能无限追溯（亚里士多德在不同的地方，一贯坚持"无限追溯不可能"的原则），应该有个终结，那么，这个终结者，就应当是永恒的、纯实现的、纯形式的、只运动而不被运动的东西，否则，就难以担当如此重大的责任。而这样的终结者，是包括人在内的一切生灭变化之物没有能力，也没有缘分来担任的，只有至高无上的神才有资格享此殊荣。

综上所述，可以看出，亚里士多德对"什么是实体"这一问题的探讨是多层次、多角度的，其答案自然也就是多种多样的，不能一概而论。从具体事物是第一实体到"其所是的是"或形式是第一实体，再到神或理性是最初实体，反映了一步一个脚印老实研究问题的亚里士多德的思想认识从具体到抽象，从经验到思辨，从形下到形上的逐渐深入（当然，这种深入主要是逻辑意义上的，而不完全是时间意义上的），反映了他"多种意义述说"的方法论特点和不断努力探索的求知精神，也反映了他作为希腊哲学集大成者的特殊身份和与柏拉图之间"剪不断，理还乱"的复杂关系。

第二节

为什么自然是实体

在亚里士多德建立实体学说的过程中,不仅有如上节所述地探讨了存在、事物、质料、形式、其所是的是、普遍、种、神、理性等等概念与实体的关系,而且还特别探讨了自然与实体的关系,提出了自然是实体,从而既丰富了他的自然观,又丰富了他的实体学说。

首先必须说明,亚里士多德的自然实体论,讲的是自然本身是实体,而不是说自然事物是实体或"自然的实体",换言之,"自然"在这里是作为主语,而不是作为定语。

与前述对事物实体、形式实体和神圣实体的长篇集中讨论不同,亚里士多德对自然实体的阐述,着墨不多,更不太集中,这在客观上给我们下面的分析增加了难度。

把自然视为实体,视为至高无上的神圣东西,这是亚里士多德一贯坚持的不同于柏拉图的鲜明态度。他在不同的地方,直接间接地多次表明了这一态度。例如——

在《形而上学》第五卷第四章 1015^{a14-15} 中说:"广义地说来,一切实体都可以说是自然,因为自然总是某种实体。""自然的最初的和首要的意义是，在作为自身的自身之内有着运动本原的实体。"

在《形而上学》第十二卷第三章 1070^{a10-14}，他在区分实体的不同种类时指出："实体有三种，一是质料，……其次是自然，它也是某一这个并且是某一品质。此外还有第三种，它是由前两种而来的个别，如苏格拉底、卡里亚斯。"

在《物理学》第二卷第一章 193^{a10}，他用"或者"一词把自然和实体相提并论，认为"自然或者由于自然而存在的东西的实体……"

显然，上述这些引文中出现的自然实体，其"自然"的含义是不一样的，关于这个问题，我们在下一节再集中讨论。这里只需要表明，亚里士多德确实认为自然是实体。

现在要讨论的问题是：为什么自然是实体？

对于这个问题，亚里士多德并没有给出专门的正面论证。不过，我们完全可以依据他在《范畴篇》等著作中提出的几条实体标准，结合他的一些其他论述，尝试着帮助他来回答。

首先，自然不表述任何主体，也不依存于任何主体，而是可以作为主体。

前面我们说过，"主体"即 hupokeimenon，又可译为"载体"或"主语"。按照亚里士多德的说法，"载体"的三层含义指质料、形式及由二者组合成的具体事物。其中的质料和形式，正是亚里士多德在《物理学》第二卷第二章中反复谈到的自然的含义①。而且，在《物理学》第一卷第七章 191^{a9,11}中，他还两次明

---

① 参见《物理学》194$^{a14,17-20}$等处。

确提到"作为载体的自然"。虽然"自然"不是具体事物,但事物的存在却依赖自然,顺从自然,既然它作为质料和形式构成了事物,成为内在于事物中的决定性因素。从这个意义讲,自然与性质、数量等其他范畴有根本区别,因为其他范畴要依存于事物才能存在,而自然不依存于事物,反过来,事物的存在和生成却要依赖自然。正因为如此,亚里士多德明确断言,一切具有自然的"事物都是实体,因为它是某种主体,而自然总是在主体之中的"①。

其次,自然是某一个"这个",具有独立自存的个体性。

是否能成为某一"这个",是亚里士多德始终坚持的另一个根本性的实体标准。他否认质料是实体,依据的就是这条标准。在"自然"的诸多含义中,亚里士多德强调的不是"所由从出"的质料,而是"其所是的是"的形式即本性,并明确指出"形式比质料更是自然"。② 而形式,作为决定一事物之所以是该事物的内在本性和结构,无疑最为符合"这个"标准。亚里士多德也正是按照这个思路,断言形式是第一实体的。也许,正是因为作为"形式"的自然具有"这个"的性质,亚里士多德才在我们前面引述过的《形而上学》第十二卷中断言"它也是某一这个"。而且,自然的"这个"性质比具体事物的"这个"性质更为根本,因为事物之所以是"这个",不是由于质料,而是由于作为形式的自然。

第三,自然没有相反者。

---

① 《物理学》192^{b34-35}。
② 《物理学》193^{b8}。

实体自身没有相反者，是亚里士多德提出的实体的第三个标准或特征。[①] 在论证实体无运动时，他也是主要依据这一条理由。自然作为实体，也完全符合这条标准。因为按照亚里士多德的理解，相反者存在于事物和现象偶性的相对关系及其变化中，如多与少、大与小、白与黑、上与下等等，某个具体的人或动物，甚至某个确定的量，都不会有相反者。所以显而易见，自然本身无相反者，没有什么东西与它相反或者能够与它相反。

第四，自然没有程度的不同。

亚里士多德对实体的这一条标准，是这样理解的："实体似乎不具有更多、更少等程度的不同，我说的意思，并非指实体之间没有更是实体，以及远于实体的实体（因为这点已经说过了，是有的），我是说，实体自身不容许有程度上的不同。例如，人这同一个实体，就不可能会更多地或更少地是一个人，无论是和他自己比较，还是和别人比较。"[②]

显然，自然是符合这一标准的。因为自然作为自然，本身没有程度的差别，不存在更是或更不是的问题，只有是与不是的分野。那么，我们应该如何理解亚里士多德断言的"形式比质料更是自然"这句话呢？毫无疑问，它不是指自然本身更是与否，而是指在形式和质料都作为自然的前提下，哪一个更符合自然标准，更是自然；换言之，是两种自然含义的比较，不是自然本身的比较，正如亚里士多德所说，指实体间的差别（哪个更符合实体标准），不是实体本身有差别。

[①] 见《范畴篇》3^{b25}。
[②] 《范畴篇》3^{b34-38}。

第五,自然在数目上保持单一,但却可容受相反性质,即所谓"变中的不变"。

亚里士多德比较重视这一条标准,将其视为"实体独有的特征"[1],认为除实体外的其他范畴均不如此,并用了仅次于第一条标准(不述说也不依存于任何主体)的较长篇幅来阐述(4^{a10} - 4^{b19})。他的意思是说:实体能在保持自身本性不变的前提下,"通过自身变化而具有相反性质"。譬如某个人,在数目上始终是同一个人,但他有时白,有时黑,有时发热,有时发冷,有时行善,有时作恶。除实体外,其他范畴无此特点,如"颜色",虽可在数目上保持同一,但同一种颜色不可能既白又黑。对比这条标准,自然无疑非常符合。因为自然作为本性和本原,它就是它,始终同一,不发生变化,只是具有它或由于它的事物现象可以而且实际上处在千变万化之中。正因为如此,亚里士多德在《物理学》一开始(第一卷),就直接进入了探讨"变中不变"的本原这一主题,并在紧接着的第二卷中明确指出,这"变中不变"的本原就是自然。

综上所述,既然实体的标准、特征和含义是前面所述的五点(在《物理学》和《形而上学》等著作中,他虽然都分散或集中地谈到了这几点,但都不如《范畴篇》这样系统全面),而"自然"全部符合这五点要求,那么显然,"自然"是实体就是理所当然的了。

接下来我们应该探讨的问题是:自然究竟是何种意义上的实体?

---

[1] 《范畴篇》4^{a10}。

第三节

自然是何种实体

这个问题之所以需要我们给以专门集中的讨论，主要基于两方面的考虑。

一方面，如本书第四章和本章第一节所述，在亚里士多德的著作中，"自然"和"实体"这两个概念含义都非常丰富，不同的含义之间差别很大，如果不搞清他是在什么意义上把自然视为实体的，就很容易望文生义，甚至张冠李戴，误解他的本意。

另一方面，准确把握亚里士多德视自然为实体的本意，对于正确评判他的自然观、实体观乃至整个哲学思想，都有着直接的重要作用。

为了比较充分地展开讨论这个问题，我们在本节模仿性地采用亚里士多德本人惯常采用的"多义述说"法，即把他讲到过的属于实体的各种用法罗列出来，一一与"自然"进行比较，看它是不是自然，从而通过排除方法，最后得出自然究竟是哪种实体的结论。

从本章第一节的概要分析中，我们可以清楚地看出，亚里士多德在不同的地方，针对不同的问题，先后不同程度地肯定下来的"实体"主要可以归纳为五种（除"自然"本身之外），即：具体事物、属（种）、质料、形式（其所是的是）、神（理性、至善等）。那么，自然与其中的哪种或哪些实体有相同或相似的关系呢？

（一）自然与事物

早在本书第四章我们就已经分析过，自然不是事物。因为按照亚里士多德的观点，事物可以分为由于自然的和由于技术的两大类。自然事物只是"由于自然"或"具有自然"，而不等于自然。显然，比较而言，技术事物更不可能是自然。

不过，在以下两种比较特殊的意义上，我们也可以说亚里士多德认为自然是自然事物。

一是在"质料"的意义上。亚里士多德喜欢把水、火、土、气等元素称为"单纯物体"（ta hapla toon soomatoon）。对这些"单纯物体"，他有时划归为"由于自然而存在的事物"（如在《物理学》第二卷第一章 192^{b10-11}），与动物及其部分、植物等并列为一类；但更多的时候，则是将其作为构成事物的质料。当把它们作为质料时，他就认为可以被称为自然，因为自然的含义之一正是质料。

二是在"集合"的意义上。从 phusis 一词的词源含义讲，它本来就有统称自然物集合体的意思，以与人工物品和社会领域相对应。正是因为可以集合性地把自然物叫作"自然"，一贯比较讲究用语分寸的亚里士多德也才偶尔这样用。例如他说过："合乎自然的东西和自然产物也被称为自然。"（phusis to kata phusin legetai kai to phusikon.)①

(二) 自然与属、种

自然与"属""种"的关系比较复杂,可以分三种情况分别叙述。

一是从逻辑的意义看。

虽然"属"(eidos)和"种"(genos)可以视为第二实体(仅在《范畴篇》中),但不是"自然"。因为自然作为集合概念(相当于我们所说的"自然界"),对应的是作为集合体的构成部分,而属概念和种概念对应的则是作为个体的个别概念(如"人"对应于"苏格拉底")。

二是从哲学的意义看。

亚里士多德既然坚决地否定了分离的"种"("普遍")是实体(但我们不能因为"属"和"形式"都是 eidos 这个词而把它们视为同一概念),当然它就不可能是自然。但是,与"属"是同一个希腊语词的"形式"却是实体,至于"形式"是不是自然的问题,下面再讨论。

三是从自然的辞典含义看。

如本书第一章所述,phusis 的确具有"种""属""类"的含义,但在亚里士多德的哲学著作中,却没有在这种意义上规定和使用过 phusis,所以,不能与他所理解的"自然"相提并论。

(三) 自然与质料

质料无疑是自然,无论是在《形而上学》第五卷还是《物理

---

① 《物理学》193^{a33-34}。

学》第二卷中,亚里士多德都明确肯定了这一点。但同样无疑的是,质料只是亚里士多德心目中列举和援引意义的自然,不是真正的自然含义。我们之所以这样说,理由有三点。

其一,亚里士多德在《物理学》和《形而上学》中两次对"自然"概念下严格定义,但两次都没有提到质料。

其二,质料之被称为自然,完全依赖于形式和实体,如果没有这两者,就不是自然。他说:"那些出于自然而存在或生成的,尽管其由之生成和存在的(指质料——引者注)已经出现,倘若还不具有形式或形状,我们就不能说它具有了自然或本性";"质料由于能够接受它(指实体——引者注)而被称为自然"。①

其三,质料作为质料,自身没有什么规定性,它什么都不是,当然不可能是实体或自然。

(四) 自然与形式或"其所是的是"

形式或"其所是的是",是亚里士多德断言的真正的第一实体(具体事物之所以被称为第一实体,根据完全在形式)。这个第一实体,也是亚里士多德心目中真正的自然。

把自然作为形式或"其所是的是",从语义学的角度看是顺理成章的,因为 phusis 一词,本身就具有"本性"的意思。所谓"本性",不是别的什么东西,正是事物的"其所是的是"即本质,而这种本质,不可能体现在质料中,只能由该事物的形式来体现。

phusis 的这种词义,作为希腊思想集大成者的亚里士多德无疑是非常清楚的,所以,他在自己的有关论述中,不仅把形式视

---

① 《形而上学》1015$^{a5-7,16}$。

为自然的主要含义之一,也不仅断言"形式比质料更是自然",而且在多种不同的场合,直截了当地把形式等同于自然。譬如他说:

> 自然应当是在自身中具有运动本原的事物的形状和形式,这种形状或形式除了在理性上(kata ton logon)外,不与事物相分离。①
>
> 如若工艺品的形式是技术,那么,人的形式就是自然。②
> 形式就是自然。③

需要特别注意的是,亚里士多德所说的等同于自然的那个"形式",是不与具体事物相分离的形式。事物具有了这种形式,就具有了自然,也就自然而然地成为该事物。至于与事物分离的逻辑设定意义上的纯形式,则是神或理性。

(五)自然与神

神或理性是最初也是最高的实体,这是亚里士多德在被人们称为狭义"神学"的《形而上学》第十二卷中得出的结论。但是,这个高高在上的神,却与自然无关。也就是说,自然不是神,神也不是自然。我们作这样的断定,至少有两方面的充分理由。

其一,从亚里士多德本人的原著看。

翻遍他流传下来的所有著作,找不到"自然是神"或"神是自然"的说法。进一步讲,除了在《论天》第一卷第四章 271^{a34} 说了一句"神和自然所作的事情没有一件是枉费的"之外,他甚至没有把"神"和"自然"这两个概念放在一起讨论。

---

① 《物理学》193^{b5-6}。
② 《物理学》193^{b13}。
③ 《物理学》193^{b19}。

第七章　自然实体论

其二，从与事物的关系看。

如前所述，亚里士多德心目中的自然，指的主要是事物（尤其是自然事物）的集合体和它们的本性，而这些事物，是有质料，有潜能，有体积，有生灭变化，且处于时空中的具体存在物。但是，在他笔下的神，却完全独立存在于可感事物之外，与这种事物毫无关系。它作为最高实体，无质料，无潜能，无体积，无动变，也不在时空之中，实际上是一个彻彻底底的逻辑概念或形而上学理念。正因为与具体事物无关，作为理性和思想的这个神，就只能是对象与自身同一，自己思想自己，沉醉于也被限定于纯思的范围内。

通过上面简单的罗列性分析，结论是显而易见的：自然是实存事物的实体，不是逻辑设定的实体；它作为事物的实体，首先是事物形式或"其所是的是"意义上的实体，其次也是事物质料和集合意义上的实体；凡与事物分离存在的东西，都与自然无关，都不是自然实体。

第四节

自然实体论的意义

亚里士多德所阐明的自然实体学说，作为他整个自然观的支柱理论之一，对于纠正前人的错误看法，重建自然哲学体系，从而拯救"自然"和哲学，都具有十分重要的双重意义。

这种双重意义，可以用一句话来概括：把自然提升为实体，把理念（形式）奠基于现实。

一方面，亚里士多德通过把自然提升为实体，将早期自然哲学家们的经验自然观提升到了思辨自然观的高度，从而使得对自然本身的正面探讨真正成为思辨知识的基础性内容。

从总体上看，他比较敬重从米利都学派到德谟克利特的诸多早期哲学前辈，在自己讨论有关问题时，总是念念不忘提及他们的看法和贡献，并自觉不自觉地吸收了他们的一些合理东西（如脚踏实地、尊重经验的现实主义传统，承认运动、重视质料的基本立场，探寻本原、追问原因的爱智精神等等）。但是，对他们只重质料，忽视形式，只重"所从出"的本原，忽视"所以是"的本性，从而把自然观局限于观察加想象的经验领域的共同缺陷，他又很不满意,加以无情的尖锐批判。在批判的基础上,他经过自己艰苦细致的清理、界定和论证等工作,终于把"质料"与"形式"、"自然"与"实体"、"本原"与"本性"等范畴贯通起来考察,把第一哲学与自然哲学严格区分开来又紧密联系起来,在作为实体(它是存在的第一要义)的自然的怀抱中,让现象有了根据,事物有了本性,质料有了归宿。

另一方面,亚里士多德又通过把理念(形式)奠基于现实,反对柏拉图割裂经验与思辨、现象与根据的极端做法,把恩师悬在空中的先验哲学拉回到地上,改造成从经验事实出发的思辨哲学。

柏拉图不满前人对自然问题的经验论处理,把宇宙论纳入自己统一的先验哲学体系之中,用绝对的、永恒的、不动的、至善的、神圣的理念(eidos, idea)作为原本和模式来创造、复制、支配和解说自然的一切,使自然及其万物成了理念的摹本和证明神伟大而善良的工具。作为熟知柏拉图思想的学生,亚里士多德敏锐地发现并抓住了其师学说的病根——理念与事物的分离。于是,他把这同一个eidos改造成事物本身的形式和形状,在宣布它为第一实体的同时,又断言它其实不是什么先验之物,只是事物的自然本性,不是高高在上的天国神物,只是内在于物的"其所是的是"。这样,他就以实体为桥梁,把理念(形式)与自然贯通起来,也正是沿着这座桥梁,理念从虚幻的先验王国走出来,回到真切的现实世界。

通过对前人自然观的深入批判,通过对知识的系统分类和对自然哲学对象、层次、范围和方法等的确定,通过自然所为论、自然动因论和自然实体论三大支柱理论的建立，亚里士多德终于构建起了他思辨自然哲学的基本框架，实现了拯救自然的目的。

概括而言，他对自然的拯救主要表现在以下五个方面。

规定了自然的哲学含义。

自然不是自然物，更不是物外或物先的任何东西，而是生灭变化的生命之物自身之内的本原和本性。作为本原，它是"所从出"的质料，"所由变"的动因；作为本性，它是"所以是"的形式，"所要为"的目的。

确立了自然的学科地位。

对自然的研究，不能依附于或相反地凌驾于任何其他学科，它应当是也只能是一门独立存在的自然学。这门自然学，其性质既不是实践的或创制的，也不是经验的或先验的，而是思辨的。自然学虽为思辨，但它的对象却不是抽象的什么东西，而是现实存在着的生生不息的自然世界和自然事物。

宣告了自然是目的。

自然不是没有生命的僵死物体，不是机械决定的必然事件，更不是杂乱无章的偶然堆积，而是生命的活动过程和自组织的有机整体。它"所为"的目的就是自身的善，自己是自己的目的，是自己的 logos，不是任何物、人或神的工具和手段。

断言了自然是动因。

虽然具体的自然事物总是处于运动与被运动的复杂因果联系中，有自身和他物两种动者，但从集合的和初始的意义看，运动的原理和原则不在别物和别处，就是事物自身之内的自然本性。只有它才是最初的动因。

肯定了自然是实体。

自然不是别物，就是那个无论在定义上、认识上还是时间上都作为存在第一者的实体。自然作为实体，不是现象之物，而是其中的本性即"其所是的是"，它在"所出""所是""所动""所为"的一切意义上决定了事物的生成、存在和被认识。以现实存在的具体自然事物为研究对象的自然学，探究和最终要把握的，就是这个实体，也只是这个实体。它就是自然王国之王。在事物之外的其他任何实体，无论多么高贵、多么荣耀和多么神圣，都与自然学无关，与我们对自然物的认识无关，所以，无需理睬，更不必畏惧。

显然，对"自然"的这种拯救，实质上也就是对哲学本身的拯救。哲学是什么？它有哪些分支？每个分支的对象、范围和任务应该各是什么？作为哲学家，在不同的分支领域应该干什么和不应该干什么？亚里士多德按自己的思路和水平都进行了认真严肃的一一探索，从而清理了前人笼统、混乱的局面，拓宽了哲学的领域，放远了哲学的思路，为哲学的生存和发展树立了明晰的路标。

要把握亚里士多德作为古希腊哲学集大成者的独特身份和历史贡献，从他的自然观入手，无疑是个较好的角度。

第八章

亚里士多德自然观的历史命运

第八章　亚里士多德自然观的历史命运

本章的目的，不是要系统地讨论亚里士多德以后西方自然观的发展演变史（这不是笔者的能力和精力所能做到的，也不是本书的主题所要求的），只是通过粗线条地勾画其中几种主要形态，来展现亚里士多德自然观所经历的复杂的历史命运。

概括而言，亚里士多德以后的西方自然观，大体上经历了五种主要形态的变化，即神秘自然观、机械自然观、有机自然观、系统自然观和生态自然观。与此相应，亚里士多德的思辨自然观也遭遇了从被误用到被抛弃再到被重新认识的不同历史命运。

第一节

误用亚里士多德——古代的神秘自然观

正如马克思所说,"希腊哲学在亚里士多德那里达到极盛之后,接着就衰落了"①。对马克思的这一论断,我原则上是同意的。希腊哲学的衰落,主要表现为理性探索和大胆创新精神的衰落。亚里士多德及其以前时期那种无拘无束穷究天地万物根由道理的好奇追问的执着和热情衰退了,甚至不见了,取而代之的是对灵魂安宁和人伦规范的集中关注(有些学派进行过"自然学"和"逻辑学"方面的探讨,但是它们都是为"伦理学"服务的)。即使是在这方面的关注,也没推出多少本质上新鲜的东西。于是,对前辈哲学形形色色观点的拼凑性运用和发挥,就成了亚里士多德以后古代哲学(包括中世纪哲学)的一道风景。

从自然观上来讲,亚里士多德以后的整个西方古代哲学,除伊壁鸠鲁学派之外,基本上是以神秘主义为其本质特征的。其中的代表性思潮,是斯多亚学派、新柏拉图主义和基督教神哲学。

---

① 《马克思恩格斯全集》第 40 卷第 194 页。

它们的哲学理论背景,主要是赫拉克利特、柏拉图和亚里士多德三人的思想。对亚里士多德自然观运用较多的,只有早期斯多亚派和托马斯·阿奎那等人。而他们运用的共同特点,是"误用",即把亚里士多德的思辨自然观错误地用成神秘自然观。

斯多亚派的物理学承袭和发挥的主要思想是赫拉克利特的"火"与"逻各斯"学说。但他们的体系建构中,也吸纳了亚里士多德的一些主张,尤其是形式质料学说、目的论观点和自然概念。

"他们认为宇宙中有两种原则,即主动原则和被动原则。被动原则是不具性质的实体,即质料。反之,主动原则则是内在于这种实体中的理性,即是神。它永远存在,设计了各种事物。"[①] 神有许多名字,如理性、命运、逻各斯等等。由于神有理性,且是善良的,它所设计的世界,是一个有生命、有理智、井然有序的活生生的存在。

关于"自然"的含义,他们有多种说法。"有时被他们用来表示把世界联结成一体的东西,有时指引起地上万物生长的东西。自然的定义是自身运动的力量,……自然的目的是功利和快乐两者。"[②] 但是,他们更多地是把自然视为智慧之火和本性。"自然是一种有技巧的火,不断进行创造。它等于普纽玛(Pneuma),其形似火并具有匠心。"[③] "我们每个人的本性都是整个宇宙本性的一部分,因而目的就可定义为顺从自然而生活,换句话说,顺

---

① 《古希腊哲学》第615页。
② 《古希腊哲学》第617~618页。
③ 《古希腊哲学》第619页。

从我们每个人自己的本性以及宇宙的本性而生活。"①

显然，斯多亚派的物理学是泛神论的。他们把亚里士多德的自然概念精神化、神圣化；把他的形式原则引申成了完全的理性和神；把他的自然目的论改变成神学目的论，且染上了宿命论色彩。正因如此，他们的自然观连同伦理观一起，对后来的犹太神哲学家斐洛、新柏拉图主义创始人柏罗丁和基督教神学产生了重大影响。

和斯多亚派相比，真正全面运用和阐发亚里士多德自然观的人是托马斯·阿奎那。

本来，在13世纪以前，基督教神学和经院哲学主要是以柏拉图思想为理论依据的，亚里士多德基本上被抛置一边。但是，由于阿拉伯阿维洛依主义的兴盛并传入西方，由于传统的神哲学体系难以为继，人们不得不开始以相对公正的态度对待亚里士多德哲学。在这股革新浪潮中，对亚里士多德著作烂熟于心的年轻的托马斯脱颖而出，用亚里士多德思想全面取代柏拉图，建立起最为庞大的神哲学体系，创造出经院哲学的最高成就。

要具体介绍托马斯对亚里士多德自然观的利用和发挥，非本书篇幅所能容，更不是本书主题。这里，只选取他对上帝存在的几个著名证明为例，来看他是如何误用亚里士多德自然哲学为神学服务的。

关于上帝的存在，早在11世纪时，安瑟尔谟就提出过著名的"本体论证明"。但是，由于这种证明完全是对先天观念的意义分析得出的演绎结论，涉及观点与实存的区别和前提待证等问题，

---

① 《古希腊哲学》第602页。

容易被人反驳，也缺少通俗性。因此，托马斯充分利用亚里士多德的自然哲学，采用"后天证明"方法，即从经验观察的事实出发上溯超验原因的方法，重新证明了上帝的存在。

在被称为"宇宙论证明"和"目的论证明"的他那五个著名论证中，至少有三个（即一、二、五）是完全利用亚里士多德有关观点进行的。

首先，从事物的运动变化方面论证。

有些事物在运动，这是明白而确切的。凡事物运动，总是受其他事物推动，推动者又被别物所推动，由此构成运动系列；这系列必有一不动的动者，他推动整个序列自己却不被推动；这第一动者就是上帝。

第二，从动力因的性质来讨论上帝的存在。

在现象世界，找不到一个自身就是动力因的事物，每物都以一在先之物为动因，由此上溯必有一个最初动因，否则，就不会有中间的原因，也不会有最后的结果。所以，必然有一最初动因，这个最初动因，大家都称为上帝。

第五，从世界的秩序（或目的因）来论证上帝的存在。

目的性是普遍存在的，即使自然物也为着一个目标活动，且总是或常是遵循同一途径，以求获得最好的结果。显然，它们的活动不是偶然的，而是有计划的。所以，必定有一个有智慧的存在者，一切自然的事物都靠它指向着他们的目的。这个存在者，我们称为上帝。

显而易见，上述①第一、二两个证明源出亚里士多德的自然动

---

① 托马斯的这几个论证，参见《西方哲学原著选读》（上）第 261～264 页。

因论，第五个证明则来源于他的自然所为论。但是，托马斯在运用这些理论时，却作了两处至关重要的改动：

一是根本否认自然是动因，否认运动的最初本原和原因就是存在于事物自身之内的自然，把动因或动者完全归到外在的因果系列中去。

二是把自然"所为"的无意识行为变成了外在目的。

通过这样的改动，亚里士多德以有机、整体和目的为特征的自然观两大理论支柱，就成了论证上帝存在的有力工具。

由于托马斯在教会中的权威地位，由于托马斯主义随后成为基督教的官方哲学，亚里士多德的著作也跟着"沾光"，成为仅次于《圣经》的第二权威。但是，随着中世纪末期各种新思潮的兴起，随着文艺复兴运动"解放自然，解放人"口号的提出，在近代的早期，人们把对经院哲学的怨恨也迁怒于亚里士多德。于是，大红大紫过的亚里士多德及其自然观，一下子跌入了命运的冰窟，成为被批判和被抛弃的东西。取而代之的，是逐渐形成并最终盛行的机械自然观。

第二节

抛弃亚里士多德——近代的机械自然观

从总体上看,机械自然观主要有以下三个基本特征。

首先,在对"自然"概念含义的认识上。

他们忽视了"自然"作为"本性"和"本质"的根本含义,夸大了自然作为自然物集合体即狭义的自然界的一面,把它等同于自然物体,即具有广延和运动的具体事物。

其次,在对自然存在方式和活动方式的理解上。

正因为把自然等同于物体,而物体是完全可以用力学原理和数学关系进行解剖和分析,加以精确解释的。所以,他们抽去了自然的有机生命性,活动目的性和存在整体性,将其变成僵死、凝固、空洞、破碎的机械部件和数学符号来处理,有的人(如法国的拉美特利)甚至把人本身也看成机器。

最后,在人与自然关系的把握上。

他们不把自然当作主体和目的,不把人与自然的关系视为统一的整体,而片面突出人(理性)的中心地位和主宰作用,把自然作为证明人力伟大的工具和被认识、征服、掠劫,从而获取知识和财富的对象。

这种机械自然观,源头在文艺复兴时期的一批自然科学家和自然哲学家(如伽利略、特勒肖等人),正式创始于17世纪的培根和笛卡尔,完成于18世纪的牛顿。

培根作为近代哲学和实验科学的始祖,其主要历史贡献在于破旧立新。所谓"破旧",就是对传统的批判。他批判的矛头,直指古代希腊哲学,尤其是亚里士多德的哲学和逻辑学。他批判的实质,是痛恨前人的说法没有实用价值。他认为,从价值和用途方面看,我们主要从希腊人那里得来的那种智慧,只不过像知识的童年,具有儿童的特性,即能够谈论,但不能生育;因为它充满着争辩,却没有实效。对于亚里士多德苦心建立起来的四因论,培根更是贬得一钱不值:目的因,并不能推进科学,而且足以破坏科学;形式因的发现也令人失望;动力因和质料因只是轻微的、表面的,如果对于真正积极的科学有什么贡献的话,这种贡献也是微不足道的[①]。

所谓"立新",指他建立了自己新的科学观或知识观。这种科学,是经验与理性密切结合的,能带来实在效果,指导人们行动的科学。人研究它的根本目的,不在单纯求知,而在获取力量;不在一味服从自然,而在最后命令自然。

总之,重视经验事实,强调实验效果,鼓吹学以致用,喊出"知识就是力量""服从自然以命令自然"的口号,这就是培根为近代思想界乃至整个社会开出的一代新风,就是他为机械自然观奠定的坚实基础。

---

① 参见《西方哲学原著选读》上卷第340、346页等处。

第八章 亚里士多德自然观的历史命运

与培根新观念的开创相比，从内容上看，笛卡尔更是真正意义上的机械自然观的创始人。正如黑格尔所说："笛卡尔的自然哲学纯粹是机械论的（着重号为原文所有——引者注）；……我们在这里见到了机械论哲学的根据和起源；机械论是由笛卡尔发展起来的。"① 表明他机械自然观观点的主要是以下几点（这几点也正是近代机械自然观的典型表现）。

首先，对物质本性的机械论、几何学解释。他把物质等同于物体，把物体等于广延，认为"物体的本性，既不在于重量，也不在于硬度、颜色等，而只在于广延"②，即在长、宽、高三方面延伸展开的东西。

其次，对运动的机械论定义。

他说，所谓运动，"乃是指一个物体由此地到彼地的动作而言（我此处所谓运动乃是指位置的运动而言，因为我想不到有别种运动，因此，我觉得我们也不应该假设自然中有别的运动）"③。正因为这种错误理解，使得他无法解释运动的根源，不得不"求助于上帝的力量，从外面把运动纳入自然界之中"④。

再次，把生命现象也理解为机械运动。

这一点，集中表现在他提出的"动物是机器"的著名论断中。对此，马克思给予了中肯的历史评价："按照笛卡尔下的定义，动物是单纯的机器，他是用与中世纪不同的工场手工业时期的眼光

---

① 《哲学史讲演录》第四卷第 89~90 页。
② 《哲学原理》第 35 页，商务印书馆 1982 年。
③ 《哲学原理》第 45 页。
④ 见《费尔巴哈哲学史著作选》第一卷第 201 页，涂纪亮译，商务印书馆 1978 年。

看问题的。"①

最后，把数学分析绝对化的思维方法。

笛卡尔为自己提出过四条方法论原则，除第一条存疑法外，后三条的分析法、排序法和列举法均与数学有关，尤其是二、三两条。第二条是：把我所考察的每一个难题，都尽可能地分成细小的部分，直到可以而且适于加以圆满解决的程度为止。第三条是：按照次序引导我的思想，……即便是那些彼此间并没有自然的先后次序的对象，我也给它们设定一个次序。② 依据这种分析方法，他解决了复杂的曲线或曲线运动的计算问题，创立了解析几何。但是，他认为这种方法对哲学和一切科学均适用，并发出了"给我运动和广延，我能构造出世界"的豪言。这种把数学方法绝对化，把一切归于数量关系和几何结构的做法，对整个17、18世纪的哲学和科学影响很大。

经过霍布斯、洛克和18世纪法国唯物论者们的努力，机械自然观在哲学上不仅战胜了古代自然观，立住了脚，而且居于统治地位。但是，真正从科学上为这种观点提供坚强后盾，并使之成为对自然的权威解释的，是牛顿的经典力学体系。

牛顿对机械自然观的确认和完成，主要表现在通过把力学与数学统一起来，用数学定律说明各种自然之力，从而说明自然现象及其统一。他把亚里士多德关于"天界"与"地界"的区分、物理学上"力"的质的多样性统统消解，变成数学上量的关系，即认为万物都是力的作用，而力只有大小和方向的区别，没有其

---

① 《资本论》，见《马克思恩格斯全集》第23卷第428页。
② 参见《西方哲学原著选读》上卷第364页。

他差异。这就是他著名的经典力学三定律,即惯性定律、力和加速度的关系的定律、作用力和反作用力大小相等方向相反的定律。

关于提出这些定律的哲学考虑,他自己在《光学》一书末尾和《自然哲学的数学原理》"序言"中作过说明:

> 如果你能从现象中发现两三个普遍性的运动原理,然后再告诉我们一切有形物体的性质与作用都是由这些明显的原理中产生的,那在哲学上就是一个大进步。①

> 我们从这些力,使用其他数学的命题,推演出行星、彗星、月球和海水的运动。我希望我们可以用同样的推理,从机械的原理中推演出其余一切自然现象;……哲学家在自然界里追求,至今仍然徒劳无功;但我希望这里所阐述的一些原理能帮助说明这一点或某种比较合乎真理的哲学方法。②

我很同意 E. A. 伯特教授对牛顿上述观点哲学实质和意义的评价——

> 牛顿的权威丝毫不差地成为一种宇宙观的后盾。这种宇宙观认为人是一个庞大的数学体系的不相干的渺小旁观者(像一个关闭在暗室中的人那样),而这个体系的符合机械原理的有规则的运动,便构成了这个自然界。……空间与几何学领域变成一个东西了,时间则与数的连续变成一个东西了。从前人们认为他们所居处的世界,是一个富有色、声、香,充满了喜乐、爱、美,到处表现出有目的的和谐与创造性的

---

① 转引自 W. C. 丹皮尔《科学史及其与哲学和宗教的关系》第247页,李珩译,商务印书馆1979年。
② 转引自《科学史及其与哲学和宗教的关系》第248页。

理想世界，现在这个世界却被逼到生物大脑的小小角落里去了。而真正重要的世界则是一个冷、硬、无色、无声的沉死世界，一个量的世界，一个服从机械规律性、可用数学计算的运动的世界。……在牛顿身上，解释得很含混的、没有理由再要求人们从哲学上给予严重考虑的笛卡尔的形而上学，终于打倒了亚里士多德主义，变成现代最主要的世界观。[①]

机械自然观之所以形成并长时间居于统治地位，有着复杂的历史、社会、科学、思想和心理等多方面原因。由于亚里士多德思辨自然观和基督教神秘自然观的长期统治以及各自具有的明显局限性，由于资产阶级的日益崛起和发财致富欲望的膨胀，由于天文学、力学和数学的率先大发展，也由于人们求新、求变、求实效、求精确、求明易、求功利的普遍心态，这种自然观必然应运而生。

客观地讲，近代的这种机械自然观在当时的历史条件下具有非常革命、非常进步、非常合理的一面。它在打击传统神学、解放人们思想、促进科技发展、推动哲学革命、树立理性权威等诸多的方面，均具有极其重要的意义。但是，丰富多彩、生机盎然的自然事物和大千世界毕竟不是冰冷僵死、空洞枯燥的机械购置和数学公式，内含生命和目的的自然本性也不是任人摆弄的人造物体。所以，随着化学和生物学的发展，随着自然万物有机本性的不断暴露，随着人们反叛心态的逐渐平和与趋于冷静，有些哲人不畏机械自然观的权威势力，开始了对"自然"的另一种思考，也开始了对亚里士多德自然观的重新认识。

---

① 转引自《科学史及其与哲学和宗教的关系》第249页。

第三节

重识亚里士多德——从有机自然观到系统自然观

在机械自然观一统天下的形势下，在哲学领域最先站出来与之抗争的是德国的一些思想家。他们艰难地举起有机自然观的旗帜，对"自然"进行着严肃的不同思考，并给出了另一种解释。

我们在这里所讲的德国有机自然观，指开始于莱布尼兹，终止于黑格尔的一百多年间德国哲人们在自然观上的共同倾向，其中既包括康德、谢林、黑格尔等"古典哲学家"，也包括歌德、席勒、荷尔德林等伟大诗人（也可称为哲人）。

这时的德国哲人之所以共同倡导有机自然观，可能有几方面原因。

一因悠久的民族传统。从15世纪的库萨的尼古拉到17世纪上半叶的雅各布·波墨，都在自然观上持一种与机械论截然不同的泛神论观点。

二因德国哲学固有的思辨性质和辩证色彩，与机械论观点在本质上不相吻合。

三因他们对古希腊哲人深为崇敬（这可能又根源于希腊哲人

为知而知的思辨气质与他们不谋而合），对亚里士多德等人有亲近感，愿承其衣钵。

限于篇幅，这里只简介莱布尼兹、康德和黑格尔的有关思想。

莱布尼兹博学多才，是近代思想史上已不多见的百科全书式的思想家，对数学和力学都有深入研究，所以，熟悉机械论自然观并受过影响，承认"他们那种机械地解释自然的美妙方式，吸引了我"[1]。但是，泛神论的民族传统和自己哲学的思辨性质决定了他必然另辟蹊径，重做解释。

他的有机自然观，主要体现在"单子论"中。所谓单子，指"组成复合物的单纯实体"，即没有部分。正因为它们无部分，就"不可能有广延、形状、可分性"。"这些单子就是自然的真正原子，总之，就是事物的元素"[2]。单子是不生不灭的（除非通过上帝）、各自封闭存在的、彼此不同的、自身变化的，"单子的自然变化是来自一个内在的本原，因为一个外在的原因不可能影响到单子内部"。单子有知觉，"使一个知觉变化或过渡到另一个知觉的那个内在本原，可以称为欲求"[3]。"知觉以及依赖知觉的东西，是不能用机械的理由来解释的"。我们也可把单子"命名为'隐德来西'，因为它们自身之内具有一定的完满性，有一种自足性使它们成为它们的内在活动的源泉，也可以说，使它们成为无形体的自动机"[4]。正因为单子是自身能动的生命，又是上帝创造的，而

---

[1] 《莱布尼茨自然哲学著作选》第66页，祖庆年译，中国社会科学出版社1985年。
[2] 《单子论》第3节。中译文参见《西方哲学原著选读》上卷第476～493页。
[3] 《单子论》第11、15节。
[4] 《单子论》第17、18节。

世界万物都由单子构成,所以,在上帝的"预定和谐"中,一切都充满生命,一切都和谐有序。"灵魂依据目的因的规律,凭借欲望、目的和手段而活动。形体依据动力因的规律或运动而活动。这两个界域,动力因的界域和目的因的界域,是互相协调的。"①不仅这两个界域,而且在自然的物理界与神恩的道德界之间,也是完满和谐的。显然,莱布尼兹的有机自然观,也是泛神论的。同样明显的是,他的上述观点甚至用词,都闪现着亚里士多德的影子。

与莱布尼兹相比,康德更深刻一些。一方面,康德对牛顿满怀崇敬,对他的数学—力学体系深信不疑,且花大力气写下《纯粹理性批判》为其寻求哲学根据,阐明数学和自然科学是如何可能的。但是,这只局限于他的"知性"即现象领域。越过这领域,在自然观问题上,他却阐述了丰富的有机论思想,尤其是自然目的学说。

黑格尔说得好:"只有在康德哲学里,亚里士多德的概念才重新出现;生物本身就是目的,必须被认作自身目的。"②

他又说:康德"所谓内在目的性即是一物本身是目的又是手段。这是一个亚里士多德的概念"③。

概括而言,康德的自然目的论主要阐明了两条原则。

其一,坚持内在目的性,视自然为一个有机整体。

所谓有机体,就是"其中所有的一切部分都是交互为目的与

---

① 《单子论》第79节。
② 《哲学史讲演录》第二卷第313页。
③ 《哲学史讲演录》第四卷第300页。

手段的"① "在像这样的一个自然产物里,我们是把每一部分都认为是由于一切其余部分的作用而有其存在的,而且又是为了其他各部分以及为了全体而存在着的。"②

其二,明确否认自然目的有理智的成分和作用。

"在我们把目的论应用于物理学时,我们完全正当地谈到自然的智慧、节约、远虑与慈善。但是在这样做时,我们并不把自然变为一种有理智的东西,因为那是悖理的;我们也不敢把另一存在者,即有理智的存在者,放在自然之上作为它的建筑师,因为那是过分的。"③

但是,康德的自然内在目的学说并不彻底,在谈到最后目的时,他将它归为自然以外的力量,断言"它完全处在物理目的论世界研究范围之外"④。此外,由于他极力高扬人的主体地位,因而在人与自然的关系问题上,断言"人为自然立法",并宣称自己进行了一次哲学上的"哥白尼式革命",把传统的"客体中心"论变成"主体中心论"。在《实践理性批判》中,他也提出了"人是目的,不是手段"的公设。这些观点,对"人为中心"的西方近代以来的自然观思维方式,无疑起了强化作用。

黑格尔是亚里士多德思辨自然观在近代的最大继承发挥者。他自然观的主要特点有四。

一是思辨性。

他的思辨,与亚里士多德的思辨具有本质的区别。亚里士多

---

① 康德著《判断力批判》下卷第25页,韦卓民译,商务印书馆1964年。
② 《判断力批判》下卷第22页。
③ 《判断力批判》下卷第34页。
④ 《判断力批判》下卷第28页。

德的思辨表现为强调自然的本性含义,弱化自然作为自然物集合体的含义,将自然提升为实体。黑格尔的思辨则是在把自然理解成自然界的前提下,将其纳入概念的思辨体系,视为绝对观念的外化环节。这样,自然实质上失去了作为客观独立存在的实体地位。

二是体系性。

他把"自然哲学"作为其《哲学全书》的第二部分,系统建构了思辨自然哲学。该体系共分力学、物理学、有机学三大部分,按正、反、合三段式逐层推进,最后否定自身进入"精神"。

三是有机性。

他断言:"自然界自在地是一个活生生的整体。"① 因为自然的本质是概念,概念使自然成为有生命的整体。

四是目的性。

对目的性的阐述,更多出现在他的"逻辑学"中。在那里,他反对康德把目的视为反思判断的观点,把目的性作为"客观性"概念发展的一个环节,是机械性和化学性之后的一种扬弃主客对立、超脱外在关系的力量,"是在客观性中达到了自身的概念"②。

从表现形式看,黑格尔的自然哲学是整个哲学发展史上体系最庞大、论述最全面、处理最精巧的,他把当时几乎所有的自然科学门类和材料,都纳入自己精心构建的整个哲学体系之中,自圆其说地作了阐释。从这个意义上讲,他思想的宏博和逻辑的严密无与伦比。但从思想实质和实际效果看,他的自然观又是最为

---

① 黑格尔著《自然哲学》第34页,梁志学等译,商务印书馆1986年。
② 黑格尔著《逻辑学》下卷第431页,杨一之译,商务印书馆1982年。

糟糕的。他对抗机械论霸权，自己却建立了理念论霸权；他想让自然成为生命有机体，其结果却用僵硬、空洞的概念体系窒息了自然的生命，剥去了自然鲜活的本色，使其成为抽象的逻辑符号。所以，虽然他意欲重振亚里士多德思辨自然观的雄风，但实质上却从内部瓦解了自然哲学，也败坏了亚里士多德自然观的声誉。

黑格尔自然哲学的出台，标志着古典自然观时代的结束。但是，有机论反对机械论的斗争并没有随之完结，而是在现代条件下愈演愈烈。进入20世纪后，现代自然观所呈现出来的一个共同特点就是反思或反抗近代机械自然观。

这支庞大的反抗大军成分非常复杂，大致可以分为三种类型。

一是体系型，以重建总体自然观为主要特色，着眼点在自然哲学体系。

二是问题型，他们的目的不在建什么体系，而在比较具体地讨论自然科学中的哲学问题，虽然是局部性的甚至是个别领域的，但很专也很深。

三是生态型。这是对生态学运动的统称，他们的情况更为复杂，有体系，有问题，也有现实社会运动，但由于关注的问题是共同的，且与前两类人明显不同，故单独划出。

对"问题型"本文不作讨论，对"生态型"我们在后面的"结语"中讨论，这里只简述"体系型"。

现代"体系型"自然观的表现形式较多，涉及的人物更广，其中重要的如英国哲学家摩尔根（C. L. Morgan）的"突现进化论"，英国哲学家怀特海（A. N. Whitehead）在《过程与实在》中阐述的"有机哲学"，美国哲学家拉兹洛（Laszlo）为代表的"系统哲学"等。由于当代自然观以系统论为主流，我们只介绍系

第八章 亚里士多德自然观的历史命运

统自然观。

一般系统论的创立者是贝塔朗菲,但把系统论用于哲学,建构系统论哲学的代表人物之一则是拉兹洛。

在他的系统哲学中,自然系统论即系统自然观占据着本体论性的基础地位。

关于自然的本质,他说:

> 古典哲学及其自然科学抽象出来的是物质实体,还有物质实体个体之间的因果相互作用。当代科学趋向于越来越注意组织性:所注意的既不是事物就其自身而言是什么,也不是事物怎样作用于另一事物,而是事件的集合体是怎样构造成的,以及在同"环境"(另一些事物的集合体)的关系中它们怎样活动,亦即所注意的是处在时间和空间中的有结构的事件。[1]

简言之,具有复杂结构的事件集合体,才是自然的终极实在。要把握自然,就要研究这集合体,研究由它构成的自然系统的基本特征。

他认为,它的基本特征有四个,即有序整体性、适应性自稳、适应性自组织、系统内部及系统之间的等级层次。自然系统就是由这四个特征组成的函数关系。

显然,这种系统自然观,与机械自然观是针锋相对的,在本质上与亚里士多德自然观却有不少相通之处。例如,他们都把自然视为活的生长机体,都肯定事物的最初动因在自然本身内部,

---

[1] E. 拉兹洛著《用系统的观点看世界》第16页,闵家胤译,中国社会科学出版社1985年。

都认为自然是自发和谐的目的系统等等。他们的根本区别在于,亚里士多德侧重于经验观察基础之上的思辨推论,设定了逻辑依据和终极实体,系统自然观完全建立在当代科学成就基础上,排除了逻辑依据,更排除了思辨实体。

结　语

反思亚里士多德——生态学的启示

结　语　反思亚里士多德——生态学的启示

"生态学"（英文的正规拼写应为 oecology，但常被简化为 ecology）一词，最早是由德国生物学家 E. 海克尔（Ernst Haeckle）在其《普通形态学》（*General Morphology*）一书中提出的。一百多年以来，"生态学"的研究取得了长足的发展。现在，它已不单纯地是生物学的一个分支，而是结合了有机体、自然环境和人类社会的一门综合性很强的独立学科，甚至发展成一场声势浩荡、席卷全球的社会运动。西方的许多学者（包括科学家、哲学家、历史学家甚至技术专家）和社会活动家都在致力于对该学科的不同角度的探讨，也确实提出了许多发人深思和令人警醒的观点和报告，并建立了一些分支性学科，如生态自然学、生态伦理学、生态政治学、生态社会学等等。正是在他们的不懈努力下，生态问题赢得了愈益广泛的社会关注和积极参与，使得环境与可持续发展问题成为当今世界最迫切的全球战略问题。

综观生态学的有关著作，我们发现，如果仅从哲学的角度看，他们关注的中心是人与自然的关系问题，批判的主要对象是以笛卡尔-牛顿为代表的机械自然观所体现的"人类中心论"。围绕这一问题，他们或新探自然本性，重提"大地母亲"的古老话题；或充分肯定自然的价值意义，提出"大地伦理学"，强调人对自然的道德责任；或冷面推出"增长的极限"，描述人类自食其果的困境；或剖析科学与技术的双刃作用，重视技术的生态前提和社会后果；或推崇东方天人合一、自然是人"家园"或"栖息地"的传统观念，调整西方的价值观点。总之，他们呼吁人类：放弃役使自然、征服和主宰自然的奴隶主式的狂想，与自然建立平等相待、友好相处的伙伴关系。

毫无疑问，这些做法和观点都极具合理性，不仅有积极迫切的现实意义，更有广泛而深远的理论意义。因为我们在第八章论述过的有机自然观和系统自然观，虽然在自然本性问题上对抗了机械自然观，但在人与自然的关系定位上，在对自然伦理和价值意义的思考上，却是做得令人不太满意的。他们或者赞同并强化人类中心主义和理性至上主义（如康德），或者干脆把自然变成观念的展现（如黑格尔），或者虽深入但片面地考虑自然的本体论性质（如系统自然观）。生态自然观填补了这一空白，修正了前人的许多看法，确实是难能可贵的。

但是，必须指出，生态自然观的理论同样有着很大的局限性，最根本的我认为有两点。

其一，由于狭隘地把"自然"理解成自然界甚至我们人类所在的这个生物圈，忽视了自然的本性意义，因而很多人提出的观点本质上比较肤浅，局限于经验表层，没有上升到应有的哲学高度（所以，不少人仅仅停留在伦理学、政治学、社会学领域）。有些人的看法，甚至是"对策研究"之类，带有明显的被动性、应对性和应时性，就事论事，给人以"既然……，我们就只能……"的无奈感觉。假如现在的环境不是这样恶劣，资源不是如此枯竭，人口不是快速增长（增长的不仅仅是数量，还有不劳而获的惰性和一夜暴富的贪婪），自然不是强烈而频繁地报复我们，恐怕我们之中很多人是不会去鼓吹什么生态学之类的麻烦事情的。

其二，有些人对西方自然观的传统抱有整体否定的倾向，把

结　语　反思亚里士多德——生态学的启示

近代以来逐渐形成并凝固下来的人与自然关系的观念视为整个西方自始至终的固有观念，不屑也不愿具体分析古代哲学的情况。于是，一些曾经骄傲得很的西方人（或者是他们的祖先和同胞骄傲过），也和我们有些中国人一样，抱着"外国月亮圆"的心态，期待东方文化能够医治西方的疾病，所以就有些病急乱投医，少问青红皂白，奉行"拿来主义"。其实，姑且不论东方自然观能否成功移植或嫁接，即使真的嫁接成功了，那么，人与自然的关系或许可能因正确理解而得到改善，但伴生的消极现象也极有可能是，科学技术水平下降了，人的积极进取心消蚀了。因为佛教虽有"因果报应"的警告和"不杀生"（事实上高僧也做不到，因为万物皆有生命）的戒律，道教虽有"阴阳互补""道法自然"的说法，但"四大皆空""无欲无为""听其自然"也是他们的主张。更何况经过无数人的实践证明，喝茶、养鸟、泡吧、搓麻将、游山玩水确实要比啃书本、搞实验、钻矿井愉快得多，也自然本性得多。

如何克服这两个局限，确立正确的人与自然的关系，达到拯救自然从而拯救人类自身的目的？我一介愚生，不是妙手回春的杏坛圣手，也不是包医百病的江湖郎中，肯定没有能力献出什么锦囊妙计。但我以为，不妨尝试一下"以史为镜""古为今用"的老套，即回到以亚里士多德为代表的希腊自然观中去反思。

这一点，"生态学"一词的词源含义和思想渊源都能给我们启示，而且，海德格尔等人也尝试着在这样做。

从词源上看，ecology（或 oecology）来源于希腊文 oikos（房子、住所、家庭等）和 logos（学说、理论）的合成，字面意思为"研究住所的学说"，甚至可以简称为"家园学"。

"住"是人类生存和繁衍的根本前提条件之一,"家"是人类社会赖以构成的基本细胞,这是人们共知的浅显道理。但很多人不知道或不想知道的是,其他有着鲜活生命的生物有机体与我们这些人一样,也有"家",也有"住"的问题。所以,海克尔认为,"生态学"研究的就是有机体的"住所",即它们与周围外部世界的关系问题。因为外部环境是有机体广义的生存条件。离开了"家园",生物将不复存在,人则更将不复为人。

从思想渊源上看,ecology 的最初源头应该在亚里士多德。G. 萨通明确指出:

> "生态学"这一名称虽然很新,但该科学本身却与亚里士多德本人一样古老。我们可以肯定,甚至在亚里士多德的时代以前,聪明的农夫、猎人或渔夫就有了观察生态学现象的机会。然而,亚里士多德是书写它们的第一人,因而也是把生态学概念引入科学文献的第一人。[①]

为了证明自己的这一大胆断论言之有理、出之有据,不是信口雌黄乃至恶意编造,萨通举了两个例子,均出现在亚里士多德的《动物志》中。

一个是关于贝类的。

亚里士多德认为,"贻贝也会营造其巢居"。"凡是有淤泥之处,就是它们的原态最初滋生的地方"。这些生物体内寄生有卫士,"一旦失去了这些卫士,它们很快就会归于死亡"。[②]

[①] G. Sarton, *A History of Science – Ancient Science Through the Golden Age of Greece*, p. 565, Oxford, 1953.

[②] 《动物志》547^{b10-17}。

结　语　反思亚里士多德——生态学的启示

另一个是关于鼠类的。

亚里士多德指出，鼠的大量繁殖及消匿均令人困惑。一方面，它们的繁殖在数量和速度上无比惊人，以致达到了这样的程度：农夫前一天看见收割庄稼的时候到了，第二天进田收割时却发现已被鼠类吃得几无所存。另一方面，"它们的消匿也令人难解，在短短几天内可以消失得一只不剩"，但在几天前，人们用烟熏、掘挖、猎捕等一切办法也未能对付得了。亚里士多德认为，"当它们危害时，降雨是唯一有效的制止途径，除此别无它法，雨时它们很快就消失了"。①

萨通举这两个例子，我以为，无非是要说明早在2300年前，亚里士多德就明确意识到了环境（或"家园"）对生物的重要性以及自然物本身的相生相克（有些是人力难为的），从而证明生态学观念始于亚里士多德。至于亚里士多德对贝类和鼠类（以及其它很多亚氏认真研究过但萨通没有援引的生物种类）有关情况的具体解释是否正确，则是无关紧要的。

在本质上支持萨通这一观点的，还有一些人。例如当代的两位挪威学者G. 希尔贝克和N. 伊耶。

在他们合著的一本很有特色和新意的《西方哲学史》中，在讲述亚里士多德时，第三节的标题就是"亚里士多德和生态学"。其中断言：

或许我们应该说，亚里士多德就是根据生态学而非物理

---

①《动物志》580^{b10-28}。

253

学来界定自然哲学的。①

其实，生态学是否始于亚里士多德，这个问题虽然有争议，但严格地说并不重要（亚氏的各种"创始人""奠基者"头衔够多的了，也不在乎多或少这一个）。重要的在于明白：

第一，亚里士多德之所以有上述见解（类似的见解还很多），之所以能成为一名研究入微、成果丰硕的生物学家，除了他医学世家的家庭背景、亲近自然的性格特征和热爱智慧的求知精神之外，我认为根本原因在于他有自己深刻的自然理论作指导，能从自然观的哲学高度观察和分析问题，而不只是简单地停留于经验层次或现象领域，就事论事地发些议论。

第二，当代生态学要向前发展，真正起到根本扭转人们思想认识的作用，就应该像亚里士多德和很多古希腊的哲学前辈那样，首先高度关注"自然是什么""我们是什么"之类的观点问题，而不只是张皇失措而又急功近利地简单探讨"我们该怎么办"的对策问题。因为道理十分浅明：如果观念不正确，措施是很难奏效的，甚至会起反作用。

要解决"自然是什么"的观点问题，我们当然用不着亦步亦趋地去重复亚里士多德的全部老调，但他关于自然是生命、自然是动因、自然是目的，自然是实体的答案我以为确实还是值得我们借鉴的。

如果我们在思想上真正认识到了自然是我们苍老、朴实却很美丽的母亲，是我们心中永恒、神圣却不言语的上帝，而不是僵

---

① G. 希尔贝克、N. 伊耶著《西方哲学史》，童世俊等译，上海译文出版社2004年。

死的木偶，不是发财致富或游戏取乐的工具，更不是被意志任意驱使的奴仆，我们就会孝顺，就会肃然，就会敬畏和恐惧，就会竭尽全力去呵护，诚惶诚恐去膜拜，绝对不会去干分裂、异化、违逆自然等傻事乃至践踏、劫掠、奸淫自然等坏事，如此，也就不会做贼心虚地随时担心自然会惩罚我们了。正如民间流行的一句大白话所言："为人不做亏心事，半夜不怕鬼敲门。"

当然，在本书的最后，我不会忘记提醒我自己和我的读者朋友一句：

千万不要把我们现在流行的、与社会和思维相对应的"自然"概念和亚里士多德的"自然"概念画等号，也千万不要把亚里士多德自然观的全部内容当成解决当今世界人与自然关系的灵丹妙药。

我愿意再说一次：他的自然观是思辨的、形上的，他的"自然"是本体的、神圣的。

我也愿意表明：正因为如此，他和他的它才值得我们敬重。

主要参考书目

（以重要性排序）

苗力田. 1990—1997. 亚里士多德全集：1~10卷［M］. 北京：中国人民大学出版社.

苗力田. 1999. 亚里士多德选集·形而上学卷［M］. 北京：中国人民大学出版社.

亚里士多德. 1981. 形而上学［M］. 吴寿彭，译. 北京：商务印书馆.

亚里士多德. 1999. 形而上学［M］. 李真，译. 台北：台湾正中书局.

亚里士多德. 1982. 物理学［M］. 张竹明，译. 北京：商务印书馆.

亚里士多德. 2004. 物理学［M］. 徐开来，译. 北京：中国人民大学出版社.

苗力田. 1988 古希腊哲学［M］. 北京：中国人民大学出版社.

王太庆. 1988. 西方自然哲学原著选辑：一［M］. 北京：北京大学出版社.

康德. 1964. 判断力批判：下卷［M］. 韦卓民，译. 北京：商务印书馆.

黑格尔. 1986. 自然哲学［M］. 梁志学，译. 北京：商务印书馆.

黑格尔. 1982. 哲学史讲演录：1~4卷［M］. 贺麟，王太庆，译. 北京：商务印书馆.

罗素. 1982. 西方哲学史：上、下卷［M］. 何兆武，李约瑟，译. 北京：商务印书馆.

文德尔班. 1987. 哲学史教程：上卷［M］. 罗达仁，译. 北京：商务印书馆.

策勒尔. 1992. 古希腊哲学史纲［M］. 翁绍军，译. 济南：山东人民出版社.

罗斯. 1997. 亚里士多德［M］. 王路，译. 北京：商务印书馆.

罗斑. 1965. 希腊思想和科学精神的起源［M］. 陈修斋，译. 北京：商务印书馆.

丹皮尔. 1979. 科学史及其与宗教和哲学的关系［M］. 李珩，译. 北京：商务印书馆.

欧文. 1998. 古典思想［M］. 覃方明，译. 沈阳：辽宁教育出版社.

汪子嵩，等. 1988、1993、2003. 希腊哲学史（第一、二、三卷）［M］. 北京：人民出版社.

汪子嵩. 1982. 亚里士多德关于本体的学说［M］. 北京：生活·读书·新知三联书店.

汪子嵩，王太庆. 1990. 陈康：论希腊哲学［M］. 北京：商务印书馆.

姚介厚. 2005. 西方哲学史·古代希腊与罗马哲学［M］. 南京：凤凰出版社.

杨适. 2003. 古希腊哲学探本［M］. 北京：商务印书馆.

范明生. 1993. 晚期希腊哲学和基督教神学［M］. 上海：上海人民出版社.

靳希平. 1997. 亚里士多德［M］. 石家庄：河北人民出版社.

宋洁人. 1995. 亚里士多德与古希腊早期自然哲学［M］. 北京：人民出版社.

柯林伍德. 1999. 自然的观念［M］. 吴国盛，柯映红，译. 北京：华夏出版社.

金吾论. 1985. 自然观与科学观［M］. 北京：知识出版社.

吴国盛. 1996. 自然哲学：第2辑［M］. 北京：中国社会科学出版社.

罗念生，水建馥. 2004. 古希腊与汉语词典［M］. 北京：商务印书馆.

Aristotle. 1943. The physics：2 Vols［M］. London：the Loeb Classical Library.

Aristotle. 1943. Metaphysics：2 Vols［M］. London：the Loeb Classical Library.

Aristotle. 1984. The Complete Works of Aristotle：2 Vols［M］. Princeton：Princeton University Press.

Ross W D. 1936. Aristotle's Physics［M］. Oxford：Oxford University Press.

Ross W D. 1953. Aristotle's Metaphysics：2 Vols［M］. Oxford：Oxford University

Press.

Ross W D. 1977. Aristotle [M]. London: Methuen & Co. Ltd.

Guthrie W K C. 1983. A History of Greek Philosophy—Aristotle: An Encounter [M]. Cambridge: Cambridge University Press.

Jaeger W. 1948. Aristotle: Fundamentals of the History of His Delvelopment [M]. Oxford:

Solmsen F. 1960. Aristotle's System of the Physical World [M]. New York: Cornell University Press.

Cohen S M. 1996. Aristotle on Nature and Incomplete Substance [M]. Cambridge: Cambridge University Press.

Judson L. 1991. Aristotle's Physics: A Collection of Essays [M]. Oxford: Oxford University Press.

Burnet J. 1930. Early Greek Philosophy, London: Elibron Classics.

Liddel H G, Scott R. 1958. A Greek-English Lexicon: with a Revised [M]. Oxford: Clarendon Press.

Paul Edwards. 1967. The Encyclopaedia of Philosophy [M]. 8 Volumes, New York: The Macmillan Press Ltd.

Sarton G. 1953. A History of Science—Ancient Science Through the Golden Age of Greece [M]. Oxford: Oxford University Press.

后 记

后 记

摆在读者诸君面前,准备接受您评判的这本小书,首先是我所承担的国家哲学社会科学基金项目——"亚里士多德自然观研究"的最终成果形式,也是我二十年来学习、翻译、研究亚里士多德自然哲学乃至整个希腊自然哲学粗浅心得的一次集中汇报。

早在1985年年初,我在中国人民大学哲学系外国哲学专业读研究生二年级,在思考硕士论文的选题方向时,就首选了亚里士多德的自然观,并草拟了论文大纲,向我的导师苗力田先生汇报。苗先生充分肯定了我这个选题的价值和意义(当时的国内学术界,基本上没有人注意这方面的问题),也指出了完成论文的困难,主要是题目涉及面宽,以3万多字篇幅的硕士论文,不可能写好,建议我在以后的学习和研究中,继续关注这个问题,但可以先选择其中一个方面的内容作论文。这样,我的硕士论文,最后就成了对亚里士多德目的学说的研究。

此后,苗老师一直鼓励和支持我对希腊自然哲学的思考,并给我创造系统熟读原著的条件,最为典型的表现,是两次"分工"。

一次是1985—1987年,在主持翻译、选编教育部确定的全国外国哲学研究生学习古代希腊哲学的教材《古希腊哲学》时,他把第一编"早期希腊哲学"中的很多内容和第三编"亚里士多德哲学"中的全部自然哲学方面的任务，分给我完成。我从有关的古希腊原文文献中，选译了20多万字的东西，最后经过几次调整压缩，保留下来的，还有近15万字。

另一次是从1987年开始，在完成国家七五哲学社会科学重点项目——《亚里士多德全集》翻译的艰巨任务时，他把亚里士多德自然学方面（占全部著作的一半左右）的多数内容，尤其是《物理学》等哲学内容更为丰富的著作交给我翻译。历经6年寒暑，我逐字地品味亚里士多德的原文原著，并参阅有关英文和中文译著，完成了70多万字的《亚里士多德全集》第二卷和第六卷，得到了苗老师的表扬。

正是在完成这两次"分工"的过程中，我有了从希腊原文逐字逐句阅读、理解哲学家们著作的机会，从而更加增添了研究希腊哲学自然观的兴趣。也正是在这种学术兴趣的驱使下，我以希腊自然观，尤其是亚里士多德自然观为研究对象，完成了我的博士论文，并在后来申报了国家社科基金项目。显然，本书是在我博士论文的基础上，经过充实、调整和修改而成的。原来打算写30万字，但由于种种原因，没有如愿。

本书的写成和出版，得益于许多先辈和朋友的帮助，在此要对他们表示我诚挚的谢意。

首先要衷心感谢的，是我的恩师苗力田先生和师母唐夕华老师。从1983年跟随先生攻读古希腊哲学硕士学位起，到先生2000年5月仙逝，整整17年中，先生和师母对我的关怀是全方位的，教育更是影响终生的，难以一一言表。先生为人师表的品格、求真爱智的精神、宽厚待人的气度、深刻独到的见解、渊博丰富的学识，还有他对待荣辱、得失、名利、生死的坦然，无不令我由衷敬佩并终生受益。我为能成为先生的嫡传弟子而倍感自豪，也在自己的学习、工作和生活中，努力效法先生，争取成为一名无愧于学生的教师和无愧于社会的凡人。先生离开我已经7年多了，我把这篇同样浸透了他心血的迟到的作品，献给他的在天之灵。

除先生和师母之外，中国人民大学哲学系的李质明、李毓章、钟宇人、魏金声、郑杭生、刘大椿、张志伟、李秋零、冯俊、欧阳谦等老师，在我的硕士和博士学习期间，都给了我许多指导和帮助。汪子嵩、王太庆、杨适、叶秀山、王树人、姚介厚、李毓章、魏金声、张志伟、李秋零等老师评阅或答辩了我的博士论文，提出了不少好的意见和建议，给过我不少热情的鼓励。在六年的硕士和博士学习中，我的同学余纪元、秦典华、付永军、陶秀敖、颜一、聂敏里、韩东晖、肖峰、张琳等人对我也多有帮助，特别是余纪元、颜一和聂敏里同学，在帮我操劳一些资料和事务中，耗费了不少精力。对上述尊敬的老师和同学，我无以为报，只有表示深深的谢意。

在川大这边，为使我顺利完成博士学业，周宗华、王庭科、冉昌光、吴军、任厚奎、肖定全、李建国、李旭峰、高小强、刘莘、李文星等领导、老师和同事给我提供了各种帮助和方便，在此一并致谢。

在完成国家社科项目的几年中，四川省社科联规划与评奖办公室以魏风琴、黄斌主任为首的同志们和川大社科处的蒋永穆、龙慧拓、查庆、文萍、王艺、孔又专、杨希炀等同事都给予了我不少无私的支持；国内的有关同行专家，鉴定了我的结题成果，给了不少表扬和鼓励，也提出了一些中肯的意见（我认为合理的，都作了力所能及的修改）；为出版这本书，川大出版社的陈国弟、张晓舟、邱小平、韩果等同志也花费了不少心血，提供了不少帮助。对他们，我衷心地说一声：谢谢！

最后，我要特别感谢我的妻子余雅俐女士和我的女儿徐晓书。为支持我的漫长学业和学术，帮助我搞成一点成绩，雅俐不仅无怨无悔地承担了全部家务，节衣缩食挤出余钱支付我的有关费用，而且基本上承担了这部著作和其他著、译作的打印和校对任务。晓书一直学习自觉，刻苦努力，自治能力强，免去了我作为父亲的不少管教之责，甚至在她前年暑假忙于出国深造前的各种繁杂准备工作时，还挤出闲暇时间帮我校改一些文稿。我为有这样的妻女而骄傲。我只有尽心尽力地当一名好的丈夫和父亲，才能回报她们对我的恩情于万一。

虽然有上述提到的和还没有提到的许多其他亲友的鼎力相助，但由于工学矛盾非常尖锐，管理岗位变动频繁，缠身事务实在太多，写作时间少得可怜，加之本人天资不慧，学识所限，这篇作品虽然酝酿较久，拖的时间也较长，但仍然没有能够很好地实现预定的计划，有些地方没有展开和深入，有些论证不够细致和充分，有些提法也可能需要进一步仔细推敲。诚盼学界各位前辈和同仁提出批评，以便日后修改。

徐开来

2007 年 8 月于四川大学竹林村

再版后记

再版后记

四川大学哲学系为繁荣学术，集中展现本系老师们的研究成果，决定在四川大学出版社出版"思问文库"，并把从已经出版了的相关著作中筛选出来的几部，作为第一辑。有幸的是，我的这本小书也被选入。

本书初版于2007年8月，距今已有16年了。书出版后，得到了学界的肯定，获得过四川省哲学社会科学优秀成果三等奖，也不时有熟悉或不熟悉的朋友和我讨论读后感，并中肯地指出书中存在的不足。这次我之所以同意再版该书，主要是因为我自己认为，该书最大的两点学术价值依然存在：该书是国内学术界第一部正面、系统研究亚里士多德自然观的专著，首次搭建出了亚氏自然观的总体框架，并分章重点讨论了其中的主要内容；该书不仅从自然观的角度重新梳理了希腊哲学的发展脉络，还从现实出发，提出了如何借鉴以亚里士多德为代表的希腊有机、整体、神圣自然观，摆脱生态危机的当今困局的一些思考。当然，我也非常清楚该书存在的种种缺陷，重要的有：在"绪论"里，没有集中梳理学术研究动态；外文研究资料不够丰富；全书带有概要性质，一些地方没有展开和深入等等。

虽然该书有诸多不足，但此次再版，我没有进行任何修改（即使当时受困于排版的不便，对书中出现的希腊文采取的是苗力田先生使用的拉丁化拼写处理方式，也没有更改过来）。这样做的原因，肯定有图简单、怕麻烦的心理，但主要的考虑还是尊重历史，保留原貌，既然是"再版"，那就不如原汁原味。

最后，感谢哲学系教授委员会和思问文库编委会同仁们的信任与厚爱！感谢出版社编辑张宇琛女士的辛苦付出！

徐开来

2023 年 4 月 18 日于川大竹林村

图书在版编目（CIP）数据

拯救自然：亚里士多德自然观研究 / 徐开来著. —2版. — 成都：四川大学出版社，2023.3
（思问文库）
ISBN 978-7-5690-6083-6

Ⅰ.①拯… Ⅱ.①徐… Ⅲ.①亚里士多德（Aristotle 前384-前322）—自然哲学—研究 Ⅳ.①B502.233

中国国家版本馆CIP数据核字（2023）第066636号

书　　名	拯救自然——亚里士多德自然观研究
	Zhengjiu Ziran——Yalishiduode Ziranguan Yanjiu
著　　者	徐开来
丛 书 名	思问文库

出 版 人	侯宏虹
总 策 划	张宏辉
丛书策划	张宏辉　张宇琛
选题策划	张宇琛
责任编辑	张宇琛
责任校对	于　俊
封面设计	周伟伟
责任印制	王　炜

出版发行	四川大学出版社有限责任公司
	地址：成都市一环路南一段24号（610065）
	电话：（028）85408311（发行部）、85400276（总编室）
	电子邮箱：scupress@vip.163.com
	网址：https://press.scu.edu.cn
印前制作	四川胜翔数码印务设计有限公司
印刷装订	成都市金雅迪彩色印刷有限公司

成品尺寸	145mm×210mm
印　　张	9.125
插　　页	2
字　　数	225千字
版　　次	2007年12月 第1版
	2023年8月 第2版
印　　次	2023年8月 第1次印刷
定　　价	48.00元

本社图书如有印装质量问题，请联系发行部调换

版权所有 ◆ 侵权必究

扫码获取数字资源

四川大学出版社
微信公众号